Sabrina Müller

I0876642

Totsächlich

Trauern und begleiten nach einem Suizid

TVZ

Sabrina Müller

Totsächlich

Trauern und begleiten nach einem Suizid

T V Z

Theologischer Verlag Zürich

Der Theologische Verlag Zürich wird vom Bundesamt für Kultur mit einem Strukturbeitrag für die Jahre 2016–2018 unterstützt.

Bibliografische Informationen der Deutschen Nationalbibliothek
Die Deutsche Nationalbibliothek verzeichnet diese Publikation in der Deutschen Nationalbibliografie; detaillierte bibliografische Daten sind unter http://dnb.dnb.de abrufbar.

Umschlaggestaltung
Simone Ackermann, Zürich
Unter Verwendung einer Streetart-Fotografie
von Sabrina Müller

Druck
Rosch Buch GmbH, Schesslitz

ISBN 978-3-290-18167-3
© 2018 Theologischer Verlag Zürich
www.tvz-verlag.ch

Alle Rechte vorbehalten

In Erinnerung an Angelika

Inhalt

Vorwort und Dank

Totsächlich. Ja, wirklich und tatsächlich tot. Das kann nicht sein. Das darf nicht sein! Warum? Ein Suizid ist *totsächlich*, hart, klar und trifft wie ein Hammerschlag.

Es ist mehr als zehn Jahre her, seit sich meine engste Vertraute und Freundin suizidiert hat. Innere und äussere Wälle des Schweigens umgaben diesen Tod. Ursprünglich wollte ich selbst sprachfähiger werden und mit meinen Worten zur Sprachfähigkeit anderer beitragen. So entstand zuerst ein Blog und dann dieses Buch. Ich tauchte noch einmal tief in Erinnerungen und Bilder, Briefe, Karten und Tagebücher ein, liess Erlebtes Revue passieren und durchlebte nochmals Teile der Vergangenheit. Diese Gedanken und Eindrücke kommen in jedem Kapitel zum Tragen, in Worten, Tagebuchausschnitten, Zitaten und Bildern. Auch nach mehr als zehn Jahren fiel mir das nicht leicht, es ist und bleibt ein emotionaler und intensiver Weg.

Vielleicht können meine Erfahrungen und Gedanken «Wortbrücken» für andere bilden. Vielleicht erfahren die steinernen Wälle des Schweigens vieler Suizidhinterbliebener da oder dort kleine Risse. Ziel dieses Buchs ist es, kleine Wegweiser auf dem Trauerweg nach einem Suizid anzubieten und zwar für Hinterbliebene und Menschen in helfenden Berufen. Schlussendlich erhoffe ich mir, dass die Sprachfähigkeit erhöht und die Stigmatisierung und Tabuisierung der Thematik weiter abgebaut werden können. Deshalb erzähle ich zum einen meine persönliche Geschichte, die viele Mitbetroffene so und doch ganz anders erzählen könnten. Zum anderen wird jede meiner Erzählungen um eine thematische Vertiefung ergänzt, die für Menschen in helfenden Berufen und Hinterbliebene eine kleine Orientierung auf dem Trauerweg bietet. So werden neben den Reflexionen auch Anstösse für die Trauerverarbeitung gegeben.

Ich bin Theologin und Pfarrerin und werde in meinen Berichten immer wieder Gott, Glaube, Zweifel, Kirche, Fragen nach dem Leid und vieles mehr thematisieren. Meine Geschichte kann ich nicht ohne diese religiösen Aspekte erzählen, vielleicht sind sie für die einen hilfreich. Für die anderen hoffe ich, dass dies nicht vom Lesen und Verstehen abhält.

Mein Dank gilt all jenen Menschen, die mich auf diesem Trauerweg unterstützt und mir neue Impulse gegeben haben. Im Besonderen möchte ich meinem Partner Andreas Bosshard und meiner Freundin und damaligen Mitbewohnerin Andrea Koller-Bähler danken. Beide erlebten und durchlebten in diesen Jahren meine Trauerphasen mit, liessen sich davon nicht abschrecken und vor allem mein Partner trug durch seine Gelassenheit, Flexibilität und offene Art viel zur Trauerverarbeitung bei. Bedanken möchte ich mich auch bei allen, die den Mut fanden über ihre Erfahrungen als Hinterbliebene eines Suizids zu sprechen. Als forschende Theologin schreibe ich sonst immer aus einer beobachtenden und möglichst objektiven Perspektive. In diesem Buch, mit den vielen Erfahrungen und Erinnerungen, steckt hingegen sehr viel Persönliches. Dazu ermutigt haben mich Prof. Dr. Jörg Frey und lic. phil. Barbara Walder-Zeller, auch ihnen gehört mein herzlichster Dank. Meinem guten Freund und geschätzten Diskussionspartner Dr. phil. Jürg Kühnis danke ich von Herzen für die kritische Lektüre aus psychologischer Sicht, die fachlichen Hinweise und das ermutigende Feedback. Zudem möchte ich mich bei Lisa Briner, Bigna Hauser und dem Team des Theologischen Verlags Zürich für die unkomplizierte, unterstützende und freundliche Zusammenarbeit herzlich bedanken. Sie trugen mit konzeptionellen Ideen zum Buch bei, gaben mir aber dennoch freie Hand.

Einleitung

Am Ursprung des Buchs stand das Streetart-Bild, das auf dem Umschlag zu sehen ist. Ich war in Liverpool unterwegs, schaute mir in den Seitengassen die unterschiedlichen Graffitis an und stand plötzlich vor diesem Bild. Die Darstellung dieser verzweifelten Frau sprach mich an, denn ihr ganzer Ausdruck brachte für mich die Gefühlslage als Suizidhinterbliebene auf den Punkt. Verzweiflung, Fassungslosigkeit, Ohnmacht, Trauer, Einsamkeit, Schuldgefühle, Wut und Schwere kamen mir da in konzentrierter Form entgegen. So hatte ich mich innerlich für lange Zeit nach dem Suizid meiner engsten Freundin gefühlt. Während ich dieses Bild betrachtete, kam mir die Idee, den langen Trauerweg als Suizidhinterbliebene in Worte zu fassen und ihm so Gestalt zu geben. Und zwar so, dass er, wie ein Bild auch, Gedanken auslöst und Impulse setzt für Suizidhinterbliebene und für Trauerbegleitende. Aus dieser Idee entstand zuerst ein Blog[1], in dem ich versuchte, persönliche Erfahrungen im Trauerprozess und kurze Reflexionen zu kombinieren. Die zahlreichen Rückmeldungen ermutigten mich, die Beiträge auszubauen und als Buch zu veröffentlichen.

So erzählen diese Seiten von meinem persönlichen Trauerprozess. Beim Schreiben habe ich bei der Innenperspektive begonnen, wollte aber nicht bei dieser stehenbleiben. Die

1 www.godthoughts.ch

persönlichen Erfahrungen habe ich jeweils einem Fachthema zugeordnet und mit einer thematischen Vertiefung ergänzt. Konkret ist jedes Kapitel in zwei Teile gegliedert. Der erste besteht aus einer Beschreibung meines persönlichen Trauerwegs, mit allen Facetten. Im zweiten Teil wird das Trauererleben thematisch eingeordnet und reflektiert.

Der Aufbau des Buchs folgt meinem individuellen Trauerprozess, nicht Theorien oder Phasenmodellen zur Trauerverarbeitung. So werden auch die chaotischen Abschnitte, das Hin und Her in Trauerprozessen, die theologischen Zweifel und Sinnfragen ersichtlich und thematisiert.

Die Kapitelüberschrift benennt jeweils die Fachthematik, um die es im spezifischen Beitrag geht. Dadurch kann das Buch auch quergelesen werden und Pfarrpersonen, Seelsorgende und Hinterbliebene finden die für sie wichtigen Themen. Die beschriebene Dauer meines Trauerwegs beträgt zehn Jahre, dementsprechend breit gefächert sind auch die Themen. Die lange Zeitspanne zeigt, wie schwierig es für Hinterbliebene ist, mit dem Trauma, dem Ringen und der komplexen Trauer nach einem Suizid umzugehen.

Begriffsbestimmung

Für die Tatsache, dass Menschen ihr Leben selbst beenden, gibt es verschiedene Bezeichnungen, die alle unterschiedliche Konnotationen haben. Das neutrale Fachwort «Suizid» wird vorwiegend in den Medien und in der Medizin verwendet. Es stammt ab vom lateinischen Begriff *sui caedere. Sui* heisst so viel wie «seiner / gegen sich» und *caedere* hat die Bedeutungen «niederhauen, erschlagen, töten». Auch die häufig im juristischen Kontext verwendete Bezeichnung «Selbsttötung» ist nicht wertend gemeint, sondern hebt die Unterscheidung zwischen Mord und Tötung, also juristisch gesprochen Vorsatz und Fahrlässigkeit, hervor, wie sie sich beispielsweise im Strafgesetzbuch der Schweiz findet.[2]

Das im Volksmund oftmals verwendete, in der Fachliteratur aber vermiedene Wort «Selbstmord»[3] ordnet den Suizid dem Morden zu, der schlimmsten und verwerflichsten Form der Tötung. In dieser Bezeichnung klingt die über Jahrhunderte verbreitete Meinung an, dass ein Suizid eine zutiefst verachtenswerte Tat sei, die rechtlich bestraft werden müsse. Mit dieser Bezeichnung hängt somit auch die lange geltende Stigmatisierung und Kriminalisierung der Selbsttötung zusammen.

Eine weitere gebräuchliche Bezeichnung für einen Suizid ist «Freitod». Hierbei steht vor allem der freie Willensentscheid zur Beendigung des eigenen Lebens im Vordergrund. Inwiefern bei einem Suizid von Freitod gesprochen werden kann, ist fraglich, denn in vielen Fällen gehen vorherige Einengung des Blickfelds, Gefühle der Ausweglosigkeit und Depressionen voraus. Der Tenor der Bezeichnung Freitod ist idealisierend. Freitod bezeichnet einen Tod, der aus philosophischen oder religiösen Überzeugungen gewählt wird. Dabei sei beispielsweise an das Martyrium im frühen Christentum oder an Sokrates erinnert, der den Tod freimütig und gelassen

2 Vgl. SR 311.0 Schweizerisches Strafgesetzbuch vom 21. Dezember 1937, Internet: https://www.admin.ch/opc/de/classified-compilation/19370083/index.html#a111. Zuletzt geprüft am: 10.1.2018, Art. 111–115

3 Das Wort selbst stammt aus dem 16. Jahrhundert und ist eine Wortkreation Luthers: sein selbs mörder – seiner selbst zum Mörder werden. Vgl. Luther, Martin / Plochmann, Johann Georg / Irmischer, Johann Conrad: Dr. Martin Luthers' sämmtliche Werke. Homiletische und katechetische Schriften, 1832, 333

entgegengenommen hatte. Der Begriff ist eine Wortschöpfung aus Nietzsches Werk «Also sprach Zarathustra»[4].

Ich verwende in diesem Buch vorwiegend die Begriffe Suizid oder Selbsttötung, ausser wenn in den persönlichen Beiträgen die emotionale Einstellung zum Suizid dargestellt werden soll.

4 Nietzsche, Friedrich: Also sprach Zarathustra, Hamburg, 2011, Kapitel 32

chaelJohn
HAIR & BEAUTY TRAINING
ESSING
THERAPY
VICES
RAPY
COURSES FOR EVERYONE EMPLOYED OR UNEMPLOYED AGE 16-69
AVE A COURSE TO SUIT YOU
NE 0151 708 8558
SALONS
E YOURSELF
NQUILITY
TO SATURDAY
aeljohnacademy.com
E'S LIVES WITH JOBS AND TRAINING

Anti-climb
product
in use

Tabu

Medial, also in Filmen, im Fernsehen und in der Literatur, ist Suizid kein Tabu. In unzähligen Geschichten stirbt eine Heldenfigur, weil sie sich selbst das Leben nimmt oder für andere oder für einen höheren Zweck opfert. Doch sozial erleben viele Hinterbliebene von Suizidentinnen und Suizidenten Stigmatisierung. Das führt dazu, dass die Trauerprozesse der Hinterbliebenen und die Biografien der Verstorbenen mit einem Tabu belegt sind. Auch in meiner persönlichen Erfahrung hat sich das gezeigt.

#1 Tabubruch

Als Pfarrerin und Theologin bin ich es gewohnt, mich mit dem Thema Tod auseinanderzusetzen. Häufig sass ich bei Trauergesprächen sprachlosen Personen gegenüber, verstummt angesichts des grossen gesellschaftlichen Tabus «Tod».

Tabus verändern sich. Sexualität gehört heute wohl nicht mehr dazu. Beim Thema Depression wird es schon schwieriger, doch auch da lässt die Stigmatisierung nach und es kann darüber gesprochen werden. Doch der Tod? Der Tod macht sprachlos, haltlos, hilflos. Der Tod ist ausserhalb jeglicher Kontrolle und somit am Rand des Sprachlichen. Obwohl wir gerade die Tatsache Tod nicht umgehen können. Von mir als Pfarrerin wurde erwartet, Worte zu finden, Sprache zu haben für etwas, das man nicht anspricht und am liebsten verdrängt. Pfarrerinnen und Pfarrer haben Worte für den Tod, manchmal bessere, manchmal schlechtere.

Was aber, wenn der Tod nicht durch Krankheit, Alter oder Unfall eintritt? Was, wenn ein Suizid dahintersteckt? Was, wenn die Betroffenheit Selbstbetroffenheit ist? Wenn nur alleine der Gedanke an einen Suizid Übelkeit hervorruft? Ja, dann wird es wirklich schwierig.

In einem Bewerbungsgespräch vor einigen Jahren hat mich jemand gefragt, was ich als mein grösstes Versagen bezeichnen würde. Innerhalb eines Sekundenbruchteils wusste ich die Antwort – sollte ich sie aussprechen? «Emotional gesehen, ist mein grösstes Versagen, dass ich den Suizid meiner engsten Freundin und Vertrauten nicht abwenden konnte.» Der Profi in mir sagt da sofort: «Du kannst nicht die Schuld eines Suizids auf dich laden.» Eine andere innere Stimme besänftigt mich mit den Worten: «Das war nicht deine Schuld, daran trägt niemand (und der Trotz sagt: oder alle!) Schuld.» Weiter habe ich in den letzten 12 Jahren folgende Worte wiedergekaut: «Wenn jemand wirklich gehen will, kannst du das nicht ändern.»

Dieses Kreisen, diese Worte, Stimmen, Argumente dafür und dagegen, Schuldzuspruch und -freispruch kennen viele, die mit einem Suizid in ihrem nahen Umfeld konfrontiert sind. Doch meist bleiben die Stimmen Gedanken, dürfen nicht ausgesprochen werden, da sie sich sonst, wie eisige Kälte, im Raum ausbreiten. Im ersten Jahr habe ich ein paar Mal versucht, den Tod meiner Freundin anzusprechen. Doch wer vor Kurzem noch Gesprächspartnerin oder -partner war, verstummte überfordert. Erschreckt und verstört schauten mich die Leute an. So liess ich es sein und verstummte auch.

Doch plötzlich hat die verstorbene Person keinen Namen mehr, kein Gesicht, keine Geschichte, sie ist nur noch der Suizid oder inexistent. Ohne Namen bleibt wenig zurück. Was bleibt, ist ein Geist, eine Illusion. In all den Jahren kann ich an zwei Händen abzählen, wie häufig der Name meiner Freundin gefallen ist – und falls es dazu kam, breitete sich danach Schweigen aus. Dem zu trotzen, kann hilfreich sein. Der Name meiner Freundin soll wieder ausgesprochen werden und nicht nur hinter vorgehaltener Hand: Angelika ist tatsächlich tot. Angelika, das ist ihr Name. Sie hat gelebt, genossen, gelitten, geliebt und sich das Leben genommen. Alles zusammen gehört zu ihr und zu ihrem Namen – Angelika.

Fast schon Paradox ist die Spannung zwischen medialer Aufmerksamkeit und sozialem Tabu rund um den Suizid. Der Medienhype ist gross, wenn eine prominente Person durch Selbsttötung aus dem Leben scheidet. Auch von Selbstmordattentätern hört man regelmässig. Durch Nachrichten, Filme, Präventionskampagnen usw. ist das Thema in der Öffentlichkeit medial durchaus präsent. Sind aber ganz konkrete Menschen oder ein bestimmtes soziales Umfeld vom Suizid betroffen, wird dieser schnell zum Tabu. Schweigen erwünscht. So ist es auffällig, dass Name und Biografie, Erinnerungen und Geschichte von Suizidentinnen und Suizidenten kaum mehr zur Sprache kommen.

Lange Zeit war für mich gerade Angelikas Name mit einem Tabu belegt. Jedes Mal, wenn ich den Namen aussprach, zuckte nicht nur ich zusammen, sondern auch die Menschen um mich herum. In Gesprächen mit anderen Betroffenen habe ich festgestellt, dass es ihnen ganz ähnlich geht. Mit der Zeit wusste ich zwar, wer jemanden durch Suizid verloren hatte. Doch die Namen der Verstorbenen wurden kaum je ausgesprochen. Vorsichtig begann ich nach den Namen zu fragen und erlebte, wie die Verstorbenen dadurch wieder Konturen und eine eigene Persönlichkeit zurückbekamen.

Rückblickend habe ich festgestellt, dass es für mich hilfreich war, mich selbst immer wieder zu erschrecken und den Namen meiner Freundin auszusprechen. Ich habe festgestellt, dass ich dadurch mein eigenes inneres «Tabu» aufbreche. Mittlerweile gehören ihr Name und die Erinnerungen an sie zu einem Teil meines Lebens. Den Namen der Verstorbenen auszusprechen, gehört nicht zum ersten Schritt auf einem Trauerweg, aber er gehört dazu, wenn es darum geht, der Stigmatisierung und Tabuisierung rund um das Thema entgegenzuwirken.

Pfarrpersonen, Trauerbegleitende und Freunde können entscheidend dazu beitragen, dass Suizid im Leben von Hinterbliebenen kein Tabu bleibt. Dies vorwiegend dadurch, indem sie die Angehörigen dazu ermutigen, über Suizidentinnen und Suizidenten zu sprechen und ihnen dafür Raum geben.

Wer nimmt sich das Leben?

Gibt es typische Suizidentinnen und Suizidenten? Gibt es eine Typologie und Risikogruppen? Führt persönliche Veranlagung zu einem Suizid? Oder sind es biografische Merkmale? Suchterkrankungen? Depressionen?

#2 Der Mensch dahinter

Ich lernte die scheue, sensible, aufgestellte und introvertierte Angelika an der Universität kennen. Ihre ruhige und freundliche Ausstrahlung war es, die mich vor 15 Jahren veranlasste, die junge Frau im Aufenthaltsraum der Theologischen Fakultät anzusprechen. Angelika schaute mich überrascht an, als ich sie fragte, ob sie mit mir eine Lerngruppe bilden wolle, um Hebräisch und Altgriechisch zu lernen.

Aus diesem ersten Kontakt entwickelte sich ein eingespieltes Team und eine tiefe Freundschaft. Angelika wurde für ein paar Monate meine WG-Kollegin, und wir gingen zusammen durch Hochs und Tiefs.

2004 schrieb Angelika auf meine Geburtstagskarte: «Ich bi dankbar und froh, dörf ich dich känne und find eusi Fründschaft uh wertvoll. Ich ha di gern, Angelika.»

Angelika studierte mit mir Theologie, wollte Pfarrerin werden, engagierte sich in Kirche und CVJM/F. Sie war eine hilfsbereite, sensible und mitfühlende junge Frau. Nie zuvor und nie mehr seither habe ich eine Person kennengelernt, die so empathisch war und bei der man sich so verstanden fühlte wie bei ihr. Angelika hatte aber auch «Biss», sie war hartnäckig und hatte ein grosses Durchhaltevermögen, sie war aktiv, sportlich, unternehmungslustig, eine gute Köchin und gerne draussen in der Natur unterwegs. Sie bestieg den Kilimandscharo, rannte auf 4000er und joggte mit mir im Schneesturm um die Wette. Sie war häufig fröhlich – zumindest nach aussen hin.

Dieses Bild von Angelika kannten viele Personen, so war sie. Doch dies war nur eine Seite ihres Seins. Die andere Seite, die traurige und depressive, kannten wenige. Wer kannte ihren Selbsthass? Sah die Narben der Selbstverletzungen? Hörte ihr Kotzen auf der Toilette? Wer ausser ihrer Therapeutin und mir wussten darum? Angelika hatte zwei «Seelen» in sich. Eine öffentliche aufgestellte und eine verborgene verzweifelte.

Woher diese monströse Menge an Selbsthass in Angelikas Leben kam, weiss ich bis heute nicht. Ich habe meine Vermutungen, aber keine Sicherheit. Beispielsweise wurde mir erst durch die Freundschaft mit Angelika bewusst, wie tief traumatisierend Mobbing sein kann. Die sensible Angelika war über 12 Jahre lang, die ganze Schulzeit, ein Mobbingopfer. Bis dahin war mir nicht bewusst, wie grausam und brutal Kinder sein können. Wie eine ganze Klasse eine einzelne Person über Jahre täglich quälen kann.

Angelika war eine Meisterin darin, Velopneus zu flicken, weil ihre täglich zerstochen waren. Sie war es gewohnt zu schweigen, wenn sie gequält wurde. Als Kind war es für sie normal, in der Pause alleine zu sein, alleine auf dem Pausenplatz oder alleine in der Toilette, da konnte weniger passieren. Bis heute verstehe ich nicht, wie Eltern und Lehrpersonen bei Mobbing passiv zuschauen können.

Unter welchem Krankheitsbild Angelika letztlich gelitten hat, ist rückblickend schwer zu sagen, dazu wusste ich damals zu wenig, zudem ist es jetzt zu lange her. Der vollendete Suizid war auf jeden Fall nicht ihr erster Versuch, sich das Leben zu nehmen. War es wohl der zweite oder dritte? Ich weiss es nicht mehr. Sie war sicher schon einmal deswegen ins Spital eingeliefert worden, das war aber, bevor ich sie kennengelernt habe.

Würde ich Angelika wieder ansprechen, im Wissen darum, wie diese Freundschaft endet? Wahrscheinlich schon. Trotz allem. Ich habe dadurch nicht nur eine tiefe Freundschaft gewonnen (und wieder verloren), sondern konnte auch miterleben, wie eine scheue, introvertierte Person langsam auftaute und aufblühte. Zudem habe ich durch Angelika vieles gelernt und ein besseres Sensorium und Verständnis für «Aussenseiter/-innen» bekommen. Mobbing ist für Betroffene eine massive psychische Belastung, die traumatische Folgen haben kann. Egal in welchem Setting, Mobbing sollte sofort angesprochen und auf keinen Fall geduldet werden. Mobbing ist ein Risikofaktor für suizidales Verhalten in der Adoleszenz. In dieser Altersgruppe sind zudem Scham, Erniedrigung, sozialer Ausschluss, Zurückweisung, Versagen oder die Angst, eine geliebte Person zu verlieren, weitere Punkte, die zu einem Suizid führen können. Andere Risikofaktoren betreffen alle Altersgruppen gleichermassen: ein vorhergegangener Suizidversuch, Suizidpläne, Letalität der Methode, körperliche Misshandlungen und sexueller Missbrauch, psychische Erkrankungen, Familiengeschichte von Depression und Suizid, familiäre Konflikte, Gefühl von Wertlosigkeit, nicht-heterosexuelle Orientierung in einem kaum unterstützenden Umfeld, männlich, Verlust eines Elternteils, impulsive Aggression und Persönlichkeitsstörungen.[5]

Schlussendlich muss, trotz aller Kriterien und Risikofaktoren, festgehalten werden, dass es die klassische Suizidpersönlichkeit nicht gibt, obwohl sich viele eine eindeutige Typologie wünschen. Vom Suizid sind Menschen aus allen Bildungs- und Altersschichten, aus jeglichen sozialen Gruppen und prominente und unbekannte Personen betroffen.[6]

5 Vgl. Plener, Paul L.: Suizidales Verhalten und nichtsuizidale Selbstverletzungen, Berlin, 2014, 62–64

6 Vgl. Otzelberger, Manfred: Suizid. Das Trauma der Hinterbliebenen. Erfahrungen und Auswege, München, 2002, 38–43

Suizidprävention in persönlichen Beziehungen

Wer um die Suizidalität eines geliebten Menschen weiss, macht sich häufig Gedanken darüber, wie dieser Person geholfen werden könnte. Suizidprävention in Freundschaften und Seelsorgebeziehungen ist deshalb keine Seltenheit. Auch in meiner Freundschaft mit Angelika war das ein zentrales Thema.

3 Abreise mit Sicherungsnetz

In unserer Freundschaft hatte ich Angelika schon einmal gebeten, mir alle Tabletten, die sich bei ihr angesammelt hatten, auszuhändigen. Das tat sie. Doch ihre Psychiaterin hatte anscheinend keine Bedenken, ihr beruhigende, stabilisierende und schlaffördernde Medikamente zu verschreiben. Was Angelika beruhigen sollte, beunruhigte mich zutiefst. Innerlich rang ich damit, überlegte mir, diese Therapeutin zu kontaktieren und vertraute schlussendlich doch darauf, dass sie wusste, was sie tat.

Trotz der psychischen Ups and Downs waren Angelika und ich häufig unzertrennlich. Wir lachten viel und hatten Spass, einige Male holte nicht nur ich sie, sondern auch sie mich aus dem Schlamassel – eine Hand wäscht die andere. Angelika war meine Trauzeugin, ihr vertraute ich meine Ratten an, mit ihr stahl ich Pferde.

Nach meiner Hochzeit im Frühling 2006 planten mein Mann und ich eine mehrmonatige Hochzeitsreise. Ich freute mich und machte mir gleichzeitig Sorgen. So bat ich Angelika vor der Reise um ein Versprechen: Sie versprach mir hoch und heilig, mit Ehrenwort und so weiter, dass sie sich ganz bestimmt nichts antun würde. Sie versicherte mir, dass sie leben wolle. Versprach mir, sich nicht das Leben zu nehmen.

Trotzdem erarbeiteten wir einen kleinen Notfallplan. Darin hielten wir fest, welche Optionen Angelika hat, wenn die Suizidgedanken zu stark werden. Auf einem Blatt Papier notierten wir dazu einfache Dinge, besonders solche, die Angelika bereits geholfen hatten, wie: Joggen gehen, einen Kaffee machen und Tagebuch schreiben, einen Film schauen, sich mit jemandem treffen, mit mir Kontakt aufnehmen oder die Therapeutin anrufen. Zudem wies ich eine Freundin an, sich während meiner Abwesenheit um Angelika zu kümmern. Angelika hatte meine Handynummer, für sie war ich immer erreichbar (sie für mich auch). Als ich mich von Angelika am Flughafen verabschiedete, ahnte ich nicht, dass ich sie das letzte Mal sehen würde. Bei der Verabschiedung drückte sie mir eine Karte in die Hand, der letzte Satz lautete: «Gott söll dir nöch sii mit sinere Liebi, sim Liecht und söll dir Läbeschraft schänke. Und ich wird mich bemüehe, das alles au wieder z gspüre und für mich in Aaspruch z näh.»

Suizidprävention war in unserer Freundschaft durchaus ein Thema. Etwas würde ich heute anders machen: Ich hätte den

Mut, Angelika darum zu bitten, mit ihrer Therapeutin sprechen zu dürfen – oder mit ihr mitzugehen. Ich würde diese Person auf die Suizidalität von Angelika ansprechen und die Menge der verschreibungspflichtigen Medikamente infrage stellen. Gleichzeitig weiss ich aber auch, dass ich unter keinen Umständen hinter Angelikas Rücken gehandelt hätte. Nur mit ihrem Einverständnis wäre ich der Sache nachgegangen, denn die Selbstbestimmung und Freiheit jedes Menschen zu akzeptieren und zu wahren, ist mir ein zentrales Anliegen.

Wird aber eine Suizidalität vermutet, sollte unbedingt genauer nachgefragt werden. Immer noch ist die Idee verbreitet, dass durch direktes Nachfragen Suizidalität gefördert wird. Das ist jedoch empirisch nicht belegt. Im Gegenteil: Direktes Nachfragen wird von Menschen mit akuter Suizidalität als entlastend erlebt.[7] Alarmsignale für eine mögliche Suizidalität sind hier aufgeführt und können abgefragt werden.[8]

__ Suizidgedanken
__ Konkrete Äusserung, sterben zu wollen
__ Gefühl von Sinnlosigkeit und Hoffnungslosigkeit
__ Erhöhte Ängstlichkeit
__ Gefühl von Gefangensein
__ (Sozialer) Rückzug
__ Substanzkonsum / Substanzmissbrauch
__ Wut

7 Vgl. Morgenthaler, Christoph: Lehrbuch Praktische Theologie. Seelsorge, Gütersloh, [3]2009, 192; Plener: Suizidales Verhalten und nichtsuizidale Selbstverletzungen, 61

8 Vgl. Suicidal Behaviors, Practice Guideline (November 2003) und Quick Reference Guide American Psychiatric Association Practice Guidelines, Internet: https://psychiatryonline.org/guidelines. Zuletzt geprüft am: 26.1.2018; Plener: Suizidales Verhalten und nichtsuizidale Selbstverletzungen, 60–62

__ Rücksichtslosigkeit
__ Stimmungswechsel
__ Veränderte Schlafgewohnheiten
__ Vorgeschichte von Suizidalität

Wird ein erhöhtes Suizidrisiko festgestellt, ist es notwendig, weitere Schritte einzuleiten. Meines Erachtens ist es sowohl in einer Freundschaft als auch in einer Seelsorgesituation wesentlich, diese weiteren Schritte gemeinsam abzusprechen und festzulegen. Dabei kann ein Notfallplan hilfreich sein, auf dem beispielsweise psychische, physische und religiöse Ressourcen erkundet werden und auf dem festgehalten wird, wer im Notfall kontaktiert werden kann. Es ist entscheidend, zuverlässige Bezugspersonen zu eruieren, die rund um die Uhr erreichbar sind, wenn die Suizidgedanken stärker werden. In der Phase vor einem Suizidversuch ist meist ein sozialer Rückzug zu beobachten. Seelsorgende können diesem durch ihr Beziehungsangebot entgegenwirken. Dabei ist eine annehmende, nicht verurteilende Haltung essenziell. Falls vorhanden, sollte zudem die zuständige Therapeutin oder der zuständige Therapeut benachrichtigt werden. In gewissen Situationen kann auch ein Vertrag hilfreich sein. Darin wird beispielsweise festgehalten, dass sich die suizidgefährdete Person bis zum nächsten Treffen nichts antut.[9] Werden die Suizidabsichten so konkret, dass jemand Zeit und Ort für die geplante Selbsttötung angeben kann, ist ein Klinikaufenthalt dringend nötig. Sowohl für Freundinnen und Freunde als auch für Seelsorgende gilt: wer sich überfordert fühlt mit der Situation, sollte den suizidgefährdeten Menschen an

9 Vgl. Herbst, Michael: Beziehungsweise. Grundlagen und Praxisfelder evangelischer Seelsorge, Neukirchen-Vluyn, [2]2013, 455

eine Fachperson oder an die Ambulanz einer psychiatrischen Klinik weitervermitteln.[10]

Einiges davon haben wir versucht: Angelika versprach mir, am Leben zu bleiben, ein Notfallplan stand fest, therapeutisch war Angelika begleitet, meine Erreichbarkeit war klar signalisiert. Präventive Massnahmen sind gut und wichtig, doch eine Garantie bieten sie nicht.

10 Vgl. Morgenthaler: Lehrbuch Praktische Theologie, 193

Nachricht vom Suizid

Ein unerwarteter Anruf mitten in der Nacht, die Polizei vor der Haustüre: Auf die Nachricht eines Suizids kann man sich nicht vorbereiten.

#4 Die Hiobsbotschaft

Kaum je hat sich etwas so in mein Gedächtnis eingebrannt wie der 16. August 2006. Als hätte jemand ein glühendes Brandeisen genommen und mir die Abendstunden des 16. Augusts in mein Hirn gebrannt, blieben alle Details haften: der Sonnenuntergang im Bryce Canyon, das lachende Gesicht meines Partners, das Staunen über das Naturspektakel, die Farben, Formen und Gerüche, ein verpasster Anruf von Angelikas Nummer auf meinem Handy ...

Beunruhigt machte ich mich auf den Weg zum Motel. Das war ungewöhnlich, was hatte sie wohl? Ich versuchte sie zu erreichen, über Stunden nahm niemand das Telefon ab. Zittrig, nervös und beunruhigt tippte ich immer wieder ihre Nummer ins Handy – einfach um sicher zu sein, dass ich richtig wählte. Endlich knackte es in der Leitung und eine Stimme war zu hören. «Das ist aber nicht Angelika», schoss es mir durch den Kopf. Nein, es war ihre Schwester, die sofort das Telefon ihrem Vater aushändigte. Augenblicklich begann mein Herz zu rasen und meine Hände waren schweissnass. Angelikas Vater teilte mir mit, dass Angelika tot sei.

Sonnenuntergang, Naturschauspiel, tot, Bryce Canyon, tot, Übelkeit, das dunkle Hotelzimmer, alles drehte sich nur noch. Mir verschlug es den Atem, die Sprache und für die nächsten Jahre auch das Leben. Wo war noch Boden, wo die Zimmerdecke? Der Spiegel am Hotelschrank raste an mir vorbei, kreiste um mich. Ich konnte mich nicht mehr auf den Beinen halten, war aufgelöst und gleichzeitig senkte sich eine dicke graue Wolke auf mich herab, hüllte mich in eine versteinerte Gelassenheit ein.

Ich wollte wissen, was passiert war, ihr Vater zögerte, wollte nicht sprechen. Eigentlich hatte mich Angelikas Familie von ihrem Handy aus angerufen, weil sie von mir wissen wollten, wie denn die Tochter und Schwester bestattet werden wollte. Darüber konnte ich Auskunft geben, war doch der Tod immer wieder Gesprächsthema zwischen uns gewesen.

Immer und immer wieder wiederholte ich am Telefon, dass sie sich nicht umgebracht haben könne: «Sie hat es mir doch versprochen, sie bleibt am Leben!» Doch um die Todesursache genau festzustellen, musste die Obduktion abgewartet werden. Die inneren Zwiegespräche in diesen Tagen, in denen der Obduktionsbericht ausstand, sind mir noch deutlich präsent. In aller Trauer wünschte ich mir doch so sehr, dass sie durch eine natürliche Todesursache gestorben wäre. Herzversagen? Oder was könnte es mit 26 sonst noch für Gründe für einen plötzlichen Tod geben? Verzweifelt hoffte ich, dass es kein Suizid war und rang mit dem inneren Wissen, dass es doch so sein würde. Aber eine Selbsttötung, das durfte nicht sein! Nicht dieser Verrat an sich selbst, am Leben, an mir, der Zukunft und den vielen gemeinsamen Plänen und Ideen. Nicht vom Opfer zur Täterin an sich selbst werden!

Schlussendlich brachte ich Angelikas Vater zum Reden, ein paar Tage später, nach der Obduktion. Mehr als 120 Tabletten hat Angelika geschluckt. Wollte sie wohl auf Nummer sicher gehen?

Eine Tatsache lässt mich bis heute an der Endgültigkeit ihrer Entscheidung zweifeln. Angelika nahm die Tabletten im Wissen darum, dass sie eigentlich 30 Minuten später mit einer vertrauten Person verabredet war. Angelika tauchte nicht auf und niemand wunderte sich!? Oder erst zu spät, am nächsten Morgen nämlich.

An die Tage und Wochen, die auf die Nachricht des Suizids meiner engsten Vertrauten und Freundin folgten, habe ich wenig Erinnerungen. Ich fühlte nichts mehr, huschte wie ein Geist fremd auf der Erde herum. Alles verstummte, kein Vogel war mehr zu hören, der Nebel senkte sich auf mich, packte mich ein, bis ich nichts mehr sah und nichts mehr fühlte. Meine Klagen richteten sich ab und zu an Gott: «Gott, ist das wahr? Gott, wie konntest du das zulassen?» War sie tot, lebte sie, was war die Realität?

Diese erste Phase der Trauer wird in der Fachliteratur häufig mit «Schock»[11] oder «Nicht-wahrhaben-Wollen»[12] beschrieben. Nicht in jedem Trauerfall ist dieser Zustand zu beobachten. Aber in meinem Erleben traf dies vollumfänglich zu. Der Schock war so gross, dass ich nicht anders konnte, als zu er-

11 Spiegel, Yorick: Der Prozeß des Trauerns. Analyse und Beratung, München: Mainz, 1990

12 Kast, Verena: Trauern. Phasen und Chancen des psychischen Prozesses, Freiburg i. Br., [3]2013; Kübler-Ross, Elisabeth: Interviews mit Sterbenden, Übers. v. Ulla Leippe, München, 2001

starren und innerlich darauf zu beharren, dass Angelika noch lebte. Rückblickend denke ich, dass diese Phase wichtig war, ohne diesen emotionalen *shutdown* hätte ich die Situation nicht ausgehalten.

Auf die Nachricht des Suizids können die Hinterbliebenen unterschiedlich reagieren. Manche erstarren, brechen zusammen, schreien, weinen oder verstummen. Das menschliche System hat hier einen automatischen Schutzmechanismus eingebaut, der in der ersten Zeit der Trauer sinnvoll ist. Ich brauchte Wochen, bis ich mich ganz langsam aus diesem Zustand lösen konnte. Andere brauchen Stunden, Tage oder Monate. Schlussendlich reagiert jede Person anders und meist (sonst Hilfe suchen!) wird diese «Hiobsphase» nach und nach überwunden. In unserer schnelllebigen Gesellschaft dürfen schon das «Nicht-wahrhaben-Wollen» und der «Schock» kaum mehr sein. Aber die menschliche Psyche passt sich nicht dem Tempo der Gesellschaft an. Meiner Meinung nach ist es wichtig, dass die betroffene Person die nötige Zeit bekommt, das Totsächliche überhaupt zu realisieren.

Für den Trauerprozess ist es hilfreich, wenn die Nachricht des Tods möglichst klar und direkt (aber trotzdem einfühlsam) überbracht wird. Dadurch kommt es nicht zu einer verzögerten Trauerreaktion. Menschen, die mit der Nachricht eines Suizids konfrontiert werden, sollten damit nicht alleine gelassen werden.[13] Gerade der Notfallseelsorge kommt in den ersten Stunden eine wichtige Funktion zu. Ohne dass viel getan werden muss, ist eine annehmende, verstehende Präsenz von Notfallseelsorgenden, Freundinnen und Freunden oder Pfarrpersonen hilfreich.

13 Vgl. Gill, Peter: Suizid. Wie weiter? Trauern und Abschiednehmen bei Suizid und plötzlichen Todesfällen, Basel, 2014, 122

Ein letzter Blick – Abschied von der Verstorbenen

Es kommt immer noch vor, dass Hinterbliebenen davon abgeraten wird, die verstorbene Person nochmals zu sehen. Es gibt Situationen, in denen das durch die gewaltsame Todesart kaum mehr möglich ist. Doch in vielen Fällen ist es möglich, dass die Hinterbliebenen die Verstorbene nochmals sehen können. Auf den Trauerprozess hat dies positive Auswirkungen. In meinem Fall war dies leider nicht möglich.

#5 Noch einmal sehen

Gerne wollte ich Angelika noch einmal sehen. Ihr Gesicht noch einmal betrachten, die Erinnerungen und Momente festhalten. Noch einmal, bevor alles vorbei zu sein schien.

Intuitiv und kognitiv wusste ich, dass es hilfreich für den Trauerprozess ist, die verstorbene Person noch einmal zu sehen. Das Unfassbare wird fassbarer, auch wenn es eine Konfrontation mit der knallharten Realität ist. Es gab aber ein Problem, das zwischen meiner verstorbenen Freundin und mir lag, und es waren nicht die 8407 Kilometer und der Atlantik. Als ich am Telefon gegenüber Angelikas Vater den Wunsch äusserte, sie noch einmal zu sehen, blockte er ab. Seine Stimme veränderte sich, er teilte mir mit, dass «sie nicht mehr so schön aussehe». Das war mir doch egal! Ich wollte sie noch einmal sehen!

Gleichzeitig spürte ich, dass nun, nachdem sie von mir die nötigen Auskünfte für die Beerdigung (inklusive Gottesdienst) hatten, meine Arbeit getan war. Ich war kein Familienmitglied und war so irgendwie auch nicht mehr erwünscht. Als «Fremde» eine Person nochmals sehen zu wollen, die sich das Leben genommen hatte, sprengte den Rahmen der familiären Intimität. Der tote Körper schien Familieneigentum.

Die Familie war am Tag der Kremation bei Angelikas totem Körper. Diese Begleitung wurde mir gegenüber am Telefon harmonisch, idyllisch und irgendwie schön dargestellt. Mir verschlug es die Sprache! Ich war so wütend und voller Vorwürfe (die ich nicht aussprach)! Nun war also die Familie da, jetzt, wo sie tot ist! Jetzt, wo sich nichts mehr ändern lässt! Jetzt!

Wie häufig war über Angelikas psychischen Zustand hinweggesehen worden? Wie oft waren ihre psychischen Probleme verharmlost worden? Eine Szene ist mir noch in lebhafter Erinnerung: Angelika versuchte ungefähr ein Jahr vor ihrem Tod, ihren Eltern mitzuteilen, dass sie Depressionen hat. Die Reaktionen waren zurückhaltend, im Sinne von: «Schlimm, hattest du das, aber schön, ist das nun vorbei.» Ja und nun war die Begleitung plötzlich da, zu spät!

Dieses Gedankenkarussell drehte in meinem Kopf, am Tag und in der Nacht. Vorwürfe, Trauer, Wut, Anklagen, Bitterkeit, Schuld und vor allem Leere wechselten sich im Sekundentakt ab.

Bis zur Beisetzung in der fernen Schweiz habe ich kaum geschlafen. Wenn ich nun Angelika nicht mehr sehen konnte – warum hätte ich zurückkehren sollen? Warum mich den Menschen, den Fragen, der Trauer und der grossen Leere stellen?

In so einer Situation stellt sich ganz konkret die Frage, wem eigentlich die Verstorbene «gehört»? Wer hat das Recht, den toten Körper nochmals zu sehen und gegebenenfalls zu berühren?

Wer Zugang zur verstorbenen Person hat, liegt häufig im Ermessen der Familie. Von ihrem Goodwill hängt es ab, ob noch jemand anders den toten Körper sehen darf. Ich hatte diese Möglichkeit nicht mehr und so blieb der Tod lange fern. Über Wochen rang ich mit der Frage, was nun Realität ist und was nicht und damit, ob Angelika wirklich tot ist.

Daraus habe ich für mich persönlich, aber auch für den Pfarralltag und für die Begleitung von Trauernden Konsequenzen gezogen: Bei Todesfällen, die mir nahegehen, besuche ich die verstorbene Person noch einmal. Es ist jedes Mal hart und schmerzvoll, den Körper einer geliebten verstorbenen Person vor sich zu haben. Längerfristig und für die Trauerarbeit ist es aber wichtig, mit der Realität «Tod» konfrontiert zu sein. Häufig braucht unser Hirn diese Begegnung, um zu begreifen, dass jemand wirklich tot ist. Der hebräische Dichter Elazar Benyoëtz hat dafür passende Worte gefunden: «Was nicht trifft, kommt nicht an.»[14] Einen Tod zu begreifen, braucht Zeit. Eine Konfrontation mit der Realität des Tods hilft, die veränderte Situation zu realisieren.

Den Hinterbliebenen empfehle ich also, die verstorbene Person noch einmal zu sehen. Dieser letzte Besuch sollte nicht ein ausschliessliches Vorrecht der Familie sein, sondern auch anderen nahestehenden Personen sollte diese Möglichkeit eingeräumt werden.

14 Grubitz, Christoph / Weinrich, Harald: Der israelische Aphoristiker Elazar Benyoëtz, Tübingen, 1994, 192

Wer sich nicht in der Lage fühlt, alleine zu einer verstorbenen Person zu gehen, kann jemanden mitnehmen. Im Pfarramt habe ich die Erfahrung gemacht, dass Angehörige ein solches Begleitangebot, gerade bei schwierigen Todesfällen, gerne annehmen. Eine souveräne Begleitperson kann Sicherheit vermitteln und dabei helfen, die Situation unter Kontrolle zu behalten, auch wenn in den Hinterbliebenen der Sturm tobt.

Diese letzten Besuche sind zusätzlich hilfreich, weil klar wird, dass die Person an sich nicht mehr hier ist. Der Körper, der Leben, Liebe, Aktivität und Ruhe möglich machte, liegt jetzt da als Hülle. Die Person mit ihrem Charakter und ihrer Seele, mit allem, was sie ausmachte, ist weg. Nun ja, in der christlichen Hoffnung natürlich nicht ganz weg, aber geborgen, aufgehoben und lebendig in dem, was die Menschen übersteigt.

Gestaltung der Trauerfeier

Die Gestaltung der Trauerfeier bei einem Suizid ist sowohl für die Familie und die Hinterbliebenen als auch für die Pfarrperson eine grosse Herausforderung. Unterschiedliche Gefühle, Ängste, Interessen, Ansprüche und Erwartungen gehen oft diametral auseinander. In vielen Fragen sind sich nicht alle einig. Soll an der Trauerfeier der Suizid beim Namen genannt werden oder soll von einem «tragischen Tod» gesprochen werden? Wer gehört zum eingeweihten Kreis, der alles wissen darf? Solche und weitere Fragen erschweren die Vorbereitungen. Häufig ist es die Angst oder Scham der Angehörigen vor Stigmatisierung, die dazu führt, dass die wahre Todesursache verschwiegen wird.

6 Die Trauerfeier – das grosse Schweigen

Tanze, als sähe dir niemand zu.
Singe, als könnte dich niemand hören.
Liebe, als seist du nie verletzt worden.
Lebe, als sei Himmel auf Erden.

Diese Worte standen auf Angelikas Todesanzeige, sie hatten aber wenig mit ihrer Realität zu tun. Ihre Sehnsucht nach Leben kommt darin zum Ausdruck, die Realität des Lebens lehrte sie aber, dass kein Himmel auf Erden ist. Gerade dem Anspruch, zu lieben, als wäre sie nie verletzt worden, konnte Angelika nicht genügen. Daran musste sie, daran muss man ja zerbrechen.

In der Spannung zwischen Illusion und Totsächlichem stand dann auch Angelikas Trauerfeier. 12 Tage nach ihrem Suizid fand diese statt. 7 Zeitzonen und 8407 Kilometer trennten mich von der Realität, die ich nicht ertragen konnte, die nicht sein durfte. Die Kirche war voll betroffener junger Menschen: Studierende, CVJM/F-Leute und Freundinnen und Freunde. Nach und nach über die nächsten Tage, Wochen und Jahre erreichten mich ihre Fragen: Was war mit Angelika geschehen? War es ein Unfall? Eine plötzliche Krankheit? Nach und nach über die Jahre sprach ich aus, was in der Kirche, während der Trauerfeier nicht gesagt wurde: «Es war Suizid, Angelika hat sich das Leben genommen.» Bis ich, ob der Erstarrung der anderen, verstummte.

Ich las den Text der Trauerfeier, den mir der Pfarrer geschickt hatte, in der Ferne, für mich alleine, immer und immer wieder. Die Spannung zwischen Trost und Empörung zerriss mich innerlich. Wütend und empört war ich über das grosse Schweigen und den harmonisierenden Lebenslauf. Da wurde nur ein Teil meiner geliebten Freundin beerdigt und nur ein Stück verabschiedet. Im Lebenslauf tauchte zudem die Familie als Zentrum in Angelikas Leben auf.

Doch genau aus der Familie stand niemand zu ihr und nannte ihre Entscheidung beim Namen! Es war kein Unfall, es war Suizid. Es war ihr letzter Hilferuf, ihre letzte Auflehnung gegen ein Leben, und System, das sie nicht aushielt. Ein letzter Schrei, um ihrer inneren grauen Ohnmacht Ausdruck zu verleihen.

Ich wusste damals noch nicht, dass mich die Empörung über das grosse Schweigen noch lange begleiten und das Blut in meinen Adern zum Kochen bringen würde. Was mich gleichzeitig tröstete, waren einige Worte aus dem Gottesdienst. Es waren Worte, die in der Finsternis des Lebens auf Ewigkeit hoffen liessen. Es war mir damals ein Trost, dass ich hoffen konnte, Angelika irgendwann und irgendwo nach meinem Tod wieder zu begegnen. So schrieb ich damals in mein Tagebuch:

> Heute habe ich Angelikas Beerdigung von XY gelesen. Seine Worte und Gedanken zu Angelikas Leben haben mir gutgetan, auch wenn ich die ganze Zeit über geweint habe. Ich denke, er hat vieles richtig wiedergegeben, tröstlich und sensibel. Ja gewisse Worte haben mich wirklich getröstet in aller Traurigkeit. Die Worte des ewigen Lebens geben Hoffnung und Trost. Sie sind nicht leer, keine blossen Floskeln, nein, sie sind Wirklichkeit inmitten all des Schmerzes und der Dunkelheit. Trotzdem tut es einfach so weh. Der Schmerz über diesen Verlust ist gross, ist körperlich spürbar, ich weiss nicht, wie ich dem Ausdruck verleihen könnte.

Den stärksten Trost fand ich am Ende der Predigt. Dieses bestand nämlich aus Worten, die ich kannte, aus Angelikas Worten. Sieben Monate zuvor hatte Angelika diese Worte an einem Taufgottesdienst den Täuflingen, und heimlich vielleicht noch viel mehr sich selbst, zugesprochen:

> Gott kennt alli Fraage und Zwiifel, au d Verzwiiflig über sich selber. Trotzdem, in all dem sait Gott: Du häsch es Recht druf, es Chind vo miir zsii. Chum i mini Arm mit dinere Verzwiiflig. Du bisch mis Chind. Niemert chann öis das Recht nee.

Und diesen Worten wurde zum Abschluss der Predigt noch folgende Worte aus dem Römerbrief hinzugefügt:

Das isch genau so, Angelika. Niemert nimmt Dir das Recht!
Weder Tod noch Leben,
weder Hohes noch Tiefes,
weder Engel noch Mächte
kann Dich scheiden von der Liebe Gottes,
die in Christus Jesus ist, unserem Herrn.
(aus Röm 8,38–39)
Amen

Ein Suizid ist schwer zu verarbeiten, und die «historische Scham» erschwert den Prozess noch zusätzlich. Angehörige und Trauernde haben Angst, gemieden zu werden. Was durchaus eine berechtigte Furcht ist, denn immer wieder passiert es Trauernden, dass bekannte Personen die Strassenseite wechseln oder so tun, als ob sie sie nicht sehen. Dieses Verhalten gründet wohl in der weitverbreiteten Hilflosigkeit im Umgang mit Trauernden nach einem Suizid, aber auch im historisch schwierigen Umgang mit der Thematik. Suizid galt als schweres Verbrechen und hatte u. a. die Ächtung der Angehörigen zur Folge.[15] Aus dieser Perspektive betrachtet, ist der immer noch häufig geäusserte Wunsch der Angehörigen, den Suizid an der Trauerfeier zu verschweigen, verständlich.

Trotzdem bin ich bis heute immer noch fassungslos, dass während der Trauerfeier, auf der Todesanzeige und beim Dankesbrief die Wahrheit nie ausgesprochen wurde. Nie wurde gesagt, dass Angelika das Leben selbst beendet hatte. So bleibt bis heute Angelikas Tod für viele nebulös. Nur leise oder gar

15 Für weitere historische und theologische Erörterungen vgl. Kapitel «Theologie und Seelsorge»

nicht wird über Angelikas Leben und noch seltener über ihren Tod gesprochen. Einen Suizid beim Namen zu nennen, hat meines Erachtens mit Achtung und Respekt vor der Lebens- und Leidensgeschichte der Suizidentin oder des Suizidenten zu tun. Gerade wenn diese Realität totsächlich beim Namen genannt wird, bleibt auch die Würde der Verstorbenen gewahrt.

Diese Erfahrung hat mich dazu bewogen, im Pfarralltag und im Privatleben einen Suizid nicht zu verschweigen. Die Wahrheit liegt sowieso in der Luft. Durch die Tabuisierung jedoch wird der Trauer- und Aktionsradius der Hinterbliebenen massiv eingeschränkt. Die Gestaltung der Trauerfeier, die Form, wie der Suizid mitgeteilt wird, wie darüber geredet wird, bleibt eine Herausforderung. Insgesamt ist eine barmherzige, annehmende und undogmatische Haltung in der Begleitung der Hinterbliebenen und der Gestaltung der Trauerfeier hilfreich.[16] Der Schluss der Predigt von Angelikas Trauerfeier wurde für mein theologisches Verständnis von Suizidentinnen und Suizidenten zentral. Es ist auch das, was meines Erachtens in so einer Trauerfeier betont werden sollte: Niemand kann einer Suizidentin oder einem Suizidenten das Recht absprechen, bei Gott, mit allem, was ist und war, angenommen und akzeptiert zu sein. Mich tröstete das damals, weil ich realisierte, dass die göttliche Annahme auch durch den Akt der Selbsttötung nicht verwirkt werden kann.

An einer Trauerfeier und in der Zeit danach steht meist die Familie der Verstorbenen im Zentrum. Doch fast immer gibt es verborgene, durch den Tod ebenso stark betroffene Hinterbliebene. Um meine Trauer und meinen grossen Verlust

16 Vgl. Christ-Friedrich, Anna: Der verzweifelte Versuch zu verändern. Suizidales Handeln als Problem der Seelsorge, Göttingen, 1998, 136ff

durch Angelikas Tod wussten wenige, ich war nicht «Familie». Und doch wurde mein Leben auf den Kopf gestellt. Aus dieser Erfahrung habe ich gelernt, in Trauersituationen die Augen bewusst offen zu halten für Betroffene aus dem engen Freundeskreis und ich bemühe mich darum, auch diesen Menschen Gehör zu verschaffen bei der Gestaltung des Abschieds.

In meinen persönlichen Berichten und speziell in diesem über «Die Trauerfeier – das grosse Schweigen» wird meine Wut gegenüber den verschiedenen Menschen im Umfeld von Angelika, wie ihre Familie, ihre Therapeutin, die mobbenden Klassenkameraden usw. spürbar. Angelika selbst konnte ich für ihre Tat nicht mehr anklagen. Doch die Theodizeefrage stand unweigerlich im Raum und das Warum des Suizids liess mir keine Ruhe. Ich musste Projektionsflächen für meine Wut und meine offenen Fragen finden. In meinem Trauerprozess wurden Angelikas Familie und ihre Therapeutin zu diesen Projektionsflächen. In anderen Trauerprozessen von Suizidhinterbliebenen wird dem Exfreund, der Ehefrau, einer Ärztin oder der beruflichen Situation die Verantwortung für den Suizid zugeschoben. Projektionsflächen dienen dazu, einen innerpsychischen Konflikt nach aussen zu verlagern und so einen Umgang mit dem Unerklärlichen und ein Ventil für die überfordernden Emotionen zu finden.

Innere Erstarrung

Die ersten Tage und Wochen nach einem Suizid sind für viele Hinterbliebene kaum zu bewältigen. Wie ein Film zieht das Leben an ihnen vorbei, ohne dass sie davon berührt werden. In die Erstarrung können sich plötzlich Ängste, Wut und Sprachlosigkeit mischen. Diese Momente sind ebenfalls kaum auszuhalten.

#7 Die Reise geht weiter, das Leben bleibt stehen

Eigentlich wollten mein Partner und ich unsere Hochzeitsreise in den USA fortsetzen. Noch blieben uns zwei Monate Reisezeit. Doch nach Angelikas Tod blieb etwas in mir stehen. Das dauernde Unterwegssein und der innere Stillstand waren Gegensätze, die nicht auszuhalten waren. Es war mir unmöglich, jeden Abend an einem anderen Ort und in einem anderen Bett einzuschlafen. Angst quälte mich, Trauer und Wut übermannten mich immer und immer wieder. Mein Mann konnte mich keinen Moment alleine lassen, ohne dass ich nicht in der Verzweiflung zu versinken drohte. Angelikas Suizid stellte auch mein Leben zutiefst infrage.

So entschieden wir uns, quer durch die Vereinigten Staaten, zu guten Freunden zu fahren. In zwei Tagen machten wir mehr als 3000 Kilometer, bis wir endlich in Dallas Texas angekommen waren. Die Freude darüber, meine Freunde wiederzusehen, war gross, die innere Erstarrung und Leere jedoch grösser. Wie ein Zombie bewegte ich mich durch die Tage. Der Schmerz war unerträglich trotz der Annahme und Liebe unserer Freunde. Ich quälte mich am Morgen aus dem Bett, nur um mich durch den Tag zu schleppen und am Abend wach im Bett zu liegen und an die Decke zu starren. Und genauso starrte ich durch Shoppingzentren, Museen, Restaurants, die Innenstadt von Dallas und durch die Menschen hindurch. Die innere Erstarrung äusserte sich im starren Blick. Ich unterhielt mich mit meinen Freunden, spielte mit ihren Kindern, lächelte und versuchte, eine gewisse Fröhlichkeit aufrechtzuerhalten, aber es war nur eine Maske. Eigentlich zog alles an mir vorbei, nichts konnte mich mehr berühren und erfreuen. Etwas Erleichterung verschaffte mir der Sport. Ich rannte durch die Strassen der kleinen Vorstadt von Dallas, besuchte täglich für mehrere Stunden das Fitnesscenter. So spürte ich wenigsten etwas, wenn auch nur meine Muskeln, und konnte ab und zu vor Erschöpfung einschlafen. Mein Partner machte das exzessive Sportprogramm mit und blieb an meiner Seite. Aus meinem erstarrten, sportbesessenen Zustand rissen mich nur die E-Mails, Telefonate und SMS von verwirrten Freunden. Sie alle wollten wissen, was mit Angelika passiert sei. Die meisten hatten an der Beerdigung teilgenommen, konnten sich aber keinen Reim daraus machen. Mit ihren Fragen meldeten sie sich bei mir und wollten Klarheit über die Todesursache haben. Ich konnte ihnen die nötigen Informationen geben.

Viel mehr blieb mir von dieser Zeit nicht in Erinnerung. Doch nach etwas mehr als einem Monat hatte sich meine Angst so weit gelegt, dass wir entschieden weiterzureisen. Wir durchquerten Texas, fuhren nach New Orleans und dann immer nordwärts dem Mississippi entlang. Doch mit der Weiterreise kam auch die Rückreise in die Schweiz immer näher. Dunkle, stürmische Wolken bauten sich vor meinem inneren Auge auf, wenn ich an die Schweiz dachte. Meinem Tagebuch vertraute ich folgende Worte an:

> Ich habe das Gefühl, dass zu Hause in der Schweiz lauter Wolken und Regen warten, dass dort ein riesen Sturm auf mich zukommen wird. Ich weiss nicht, wie ich diesem standhalten soll. Wie soll mein Alltag, das Studium, mein Leben weitergehen ...?

In der ersten Zeit nach Angelikas Suizid fühlte es sich so an, als würde alles auseinanderfallen. Viele Momente, Stunden und Tage waren kaum aushaltbar. Alles bebte, schien haltlos und zugleich starr. In dieser Situation war es mir unmöglich weiterzureisen, denn im Sturm der Trauer brauchte ich Stetigkeit und Halt. «Der Verlust einer nahestehenden Person kann zu einem intensiven Erleben von Traurigkeit und psychischem Schmerz führen. [...] Diese Trauersymptome betreffen sowohl die kognitive, emotionale, motorische und physiologische Ebene.»[17] Zum Trauerweg gehören starke Gefühle von Traurigkeit, intensiver Trennungsschmerz, der häufig auch körperlich erfahren wird, und die Sehnsucht nach der verstorbenen Person. Zudem ist der Trauerweg entscheidend von den Todesumständen, der Beziehung zur verstorbenen Person und von den persönlichen, psychischen und sozialen Umständen beeinflusst.[18] Gerade in dieser ersten Zeit des Trauerwegs ist es hilfreich, kleine Anker und Anhaltspunkte für sich zu finden. Für mich war das der tägliche Sport. Da konnte ich meine

17 Wagner, Komplizierte Trauer, 2
18 Vgl. a. a. O., 4

Unruhe und nervöse Energie loswerden, die Starre in Bewegung umwandeln und mich wenigstens ein wenig spüren.

Ein grosser Anker war auch mein Partner. Er stand der Situation zwar selbst hilflos und wortlos gegenüber, aber er war da und blieb im unvorhersehbaren Auf und Ab der Gefühle an meiner Seite. Manchmal musste ich alleine sein, um meine Gedanken zu ordnen. Doch häufig führte das in dieser Situation zu einer Überforderung. Es war hilfreich, Menschen um mich herum zu haben, die mich mit manchmal nervigen Banalitäten ablenkten. Noch besser wäre es gewesen, wenn ich mit meiner Verzweiflung und Trauer einfach mich hätte sein können und diese Gefühle hätte zeigen dürfen. Teilweise war das möglich, sicher gegenüber meinem Partner. Doch häufig ging ich mit einer lachenden Maske durch den Tag, was enorm energiezehrend war.

Viele Menschen sind sehr unsicher im Umgang mit Suizidhinterbliebenen. Sie wissen nicht, was sie sagen oder wie sie mit den Trauernden umgehen sollen. So halten sie sich lieber von diesen fern. Hilfreich für Trauernde ist solches Verhalten nicht. Persönlich habe ich erlebt, dass ich dort, wo ich mit meiner Verzweiflung «ausgehalten» wurde ohne viel sprechen zu müssen, ein bisschen aufatmen konnte, dort widerfuhr mir Trost. Je nach Persönlichkeit kann die schweigende, annehmende Präsenz einer anderen Person oder aber eine motivierende Sportgefährtin tröstlich sein. Manchen Menschen hilft es auch, malen oder schreiben zu können und wieder andere machen sich auf und pilgern beispielsweise nach Santiago de Compostela.[19]

19 Vgl. u. a. Koeniger, Georg: Trauer ist eine lange Reise. Für dich auf den Jakobsweg, München / Berlin, 2017; von Stülpnagel, Freya: Warum nur? Trost und Hilfe für Suizid-Hinterbliebene, München, ²2013, 103–110

Gefangen in der Trauerspirale

Häufig kommt es bei nahestehenden Suizidhinterbliebenen zu einem komplizierten Trauerprozess, auch wenn diese Diagnose oftmals nicht gestellt wird. Ständiges Kreisen der Gedanken um den Suizid der geliebten Person ist dafür ein Symptom.

#8 Die Bruchlandung

Als wir in New York ins Flugzeug stiegen, begannen sich die Wolken bereits aufzutürmen. Immer dichter wurden sie. Ein grosses Unwetter braute sich zusammen mit böigen Windstössen und wolkenbruchartigen Regen- und Hagelschauern. Der Flug verlief in einem stürmischen Auf und Ab, einem Tornado der Gefühle.

Niemand im Flugzeug bemerkte diesen Sturm, da er sich in meinem Inneren abspielte. Was für die anderen Passagiere ein ruhiger Flug mit sanfter Landung war, endete für mich als Bruchlandung in der Schweiz. Wieder in Zürich angekommen, überrollte mich die Realität von Angelikas Suizid wie eine Flutwelle.

Eigentlich wollte ich gleich nach meiner Rückkehr mein Studium wieder aufnehmen. Geplant war, dass Angelika und ich je die Lizenziatsarbeit schreiben und daneben auf die Abschlussprüfungen lernen würden. Wir hatten geplant, in spätestens einem Jahr mit allem fertig zu sein und dann gemeinsam ins Vikariat, das praktische Ausbildungsjahr zur Pfarrerin, zu gehen. Auch die Vikariatsgemeinden hatten wir so ausgesucht, dass wir nahe beieinander waren und uns gut treffen konnten.

Jetzt aber war alles anders, als wir es geplant hatten – es gab kein «wir» mehr!

Das Studium, die Theologie, die Universität selbst, alles wurde mir unerträglich. Ich konnte mich nicht konzentrieren, wollte nichts mehr vom Studium wissen und mied die Fakultät. Ein unsichtbarer Wall stand zwischen mir und Zürich, zwischen mir und der Theologischen Fakultät und zwischen mir und der Theologie. Nach Zürich zu gehen, war so unerträglich und mit so vielen schmerzlichen Erinnerungen und verlorenen Zukunftsträumen verbunden, dass es einfach nicht mehr ging.

Orientierungs- und haltlos stolperte ich durch die Tage und Wochen. Eine gähnende Leere blieb in mir zurück, die mich vom Leben und von den Menschen abzuschneiden schien. Die nötigsten Tätigkeiten führte ich wie ein Roboter aus, so auch meine Teilzeitjobs als Lehrerin und Putzfrau. Doch meine Gedanken kreisten nur noch um meine verstorbene Freundin. Meinem Tagebuch vertraute ich folgende Worte an:

> Seit Angelikas Beerdigung habe ich das Gefühl, dass alles vorbei ist. Irgendwie ist es fertig. Nichts bleibt mehr, ausser ein paar blassen Erinnerungen, wenigen Fotos ... alles ist vorbei. Es gibt kein Sehen, kein Anfassen und keine Gespräche mehr. Was bleibt, ist ein wenig Asche und einige gemahlene Knochen, nichts mehr von dem geliebten Menschen. Das ist grausam. Es ist so und ich will nicht, dass es so ist. Ich ertrage es nicht. «Warum nur?!», schreit es immer und immer wieder in mir. Ich will nicht ohne dich leben. Kannst du hören oder sehen, wie verzweifelt und traurig ich bin, dass du gegangen bist? Freiwillig gegangen!

Auch ich wollte nicht mehr leben, einfach nicht mehr sein, um meine Trauer nicht mehr aushalten zu müssen. Alles, was mir früher wichtig war – Kirche, Jugendarbeit, Freunde, Studium, Jobs und Hobbies –, verlor an Bedeutung.

In Anbetracht von Angelikas Suizid machte mein Leben auch keinen Sinn mehr. Trauer, Wut, Scham und Verzweiflung darüber, dass ich sie nicht von ihrer Selbsttötung abzuhalten vermochte, engten mein Blickfeld ein. Vor Angelikas Suizid war mein Leben mit vielen sinnstiftenden Elementen und Aktivitäten angefüllt gewesen, doch all das verlor gänzlich an Bedeutung. Ich war diesen Emotionen und Stimmungsschwankungen hilflos ausgeliefert und wusste mir nicht zu helfen.

Damals wäre es hilfreich gewesen, wenn ich etwas über komplizierte Trauerprozesse nach einem Suizid gewusst hätte.[20] Immerhin wird davon ausgegangen, dass ein solcher bei 43 % aller Betroffenen eintritt.[21] Zudem hätte mir sicher auch der Kontakt mit anderen Betroffenen weitergeholfen.[22] Mit ihnen hätte ich mich über diese Gefühle und Gedanken austauschen können. Doch ich kam damals nicht auf die Idee, mich bezüglich solcher Möglichkeiten umzuschauen und zu informieren. Es gibt mittlerweile sehr gute Anlaufstellen für Hinterbliebene. So weise ich an dieser Stelle gerne auf die Angebote von Nebelmeer, Trauernetz und Verein Refugium hin. Kontaktmöglichkeiten zu den Fachstellen und Selbsthil-

20 Vgl. Kapitel «Theorie der Trauer»
21 Vgl. Wagner, Komplizierte Trauer, 45
22 Vgl. von Stülpnagel: Warum nur?, 96f

fegruppen sind im Anhang des Buchs unter «Fachstellen und Hilfsangebote» zu finden. Zudem gibt es mittlerweile auch auf Facebook und anderen sozialen Medien Gruppen von Trauernden, die sich gegenseitig unterstützen.

Mit biblischen Erfahrungen trauern

Zu realisieren, dass jemand wirklich tot ist, braucht Zeit und die Konfrontation mit Fakten wie beispielsweise einem Grabstein. Wird die Tatsache des Suizids real, fehlen der trauernden Person oftmals die Worte. In dieser Situation können sich biblische Texte als hilfreich erweisen.

#9 Zum ersten Mal am Grab

Bis ich mich überwinden konnte, an Angelikas Grab zu gehen, vergingen einige Wochen. Ich konnte und wollte ihr Grab nicht sehen, ich wollte der Realität immer noch nicht in die Augen blicken und vor allem wollte ich nicht an ihren Wohnort zurückkehren. Doch irgendwann überwand ich mich und machte mich bereit, auf den Friedhof zu gehen, und dann wollte ich plötzlich unbedingt dorthin. Mein Partner begleitete mich. Nach dem Besuch entstand folgender Tagebucheintrag:

> Ich war gestern mit Andi auf dem Friedhof. Ich wollte unbedingt zu Angelikas Grab, vielleicht würde das meine Unruhe etwas besänftigen.

Es hat lange gedauert, bis wir das Grab gefunden haben. Erst als wir den Friedhof zum dritten Mal absuchten, haben wir es gefunden.
Angelikas Grab ist kein normales Grab mit einem kleinen viereckigen Gärtchen. Ihr Grab befindet sich unter einem Ahornbaum, ohne feste Grenze. Zwei Rosenbäumchen stehen darauf, einige Schalen. Ich glaube dieser Platz, da unter dem Ahornbaum, würde Angelika gefallen. Es ist ein friedlicher, sonniger und liebevoll gewählter Platz.
Als ich so vor ihrem Grab stand mit Rosenbäumchen, Kerzen und dem weissen Schild der Gemeinde mit den Worten: «Hier ruht Angelika 1980–2006», sträubte sich alles in mir, ich sah und wusste nicht, ob ich sehen möchte.
Die Worte «hier ruht» sind falsch gewählt. Ich glaube nicht daran, dass auch nur ein Mensch auf dem ganzen Friedhof wirklich dort ruht. Treffender wäre «In Erinnerung an» oder «In Gedenken an». Doch was solls, es ändert die Tatsache ihres Tods auch nicht.
Wir standen lange vor dem Grab und schwiegen. Ich konnte es nicht fassen. Es tut so weh. Immer und immer wieder habe ich das weisse Täfelchen mit «Hier ruht Angelika 1980–2006» gelesen. Als könnte es sich verändern? Als könnte ich es auch nach dem zwanzigsten Mal lesen nicht fassen. Jedes Mal hatte ich das Gefühl, es zum ersten Mal zu sehen.
Blätter wehten vom Baum auf ihr Grab, die Sonne wärmte uns trotz der kalten Novemberluft.
Ich konnte nichts mehr sagen. Nur noch weinen und schluchzen. So als könnte ich nie mehr aufhören, so als bestände mein Leben nur noch aus Schluchzen. Irgendwann konnte ich kaum mehr stehen. So bin ich beim Grab auf die Knie gegangen. Bin einfach so schluchzend beim Rosenbäumchen gekniet. Ich habe die Blätter auf dem Grab etwas zur Seite geräumt, die Karte vom Bryce

Canyon und die kleine rosarote Blume aufgestellt und geweint. Ich habe keine Ahnung mehr, wie lange ich auf dem Grab gekniet bin. Andi stand auch vor dem Grab und weinte. Doch in diesen Momenten konnte ich selbst seine Berührungen nicht ertragen. Nichts konnte mich trösten.

Warum hast du mich verlassen? Warum konntest du all die Liebe nicht sehen? Warum hast du dir keine Hilfe gesucht? Warum hast du nichts gesagt?

So kniete ich da, weinte und die Gedanken rasten durch meinen Kopf. Irgendwann kam mir Angelikas Lieblingspsalm in den Sinn. Psalm 63: «Gott, du bist mein Gott, den ich suche, meine Seele dürstet nach dir. Mein Leib schmachtet nach dir im dürren, lechzenden Land ohne Wasser.» Leise habe ich den Psalm vor mich hingesagt. Dabei dachte ich mir: «Angelika dürstet nicht mehr, ihr Lieblingspsalm hat sich erfüllt, sie ist bei Gott und ihr Durst wurde gestillt. Nichts und niemand kann dies jetzt noch ändern oder sie aus der Gegenwart Gottes bringen.» So sass ich da, betete, schrie und schluchzte zu Gott. Langsam versiegten meine Tränen, langsam konnte ich mich etwas beruhigen und auch mein Atem wurde ruhiger. Gott war nahe, ja, irgendwie da.

Und doch, Angelika, du fehlst mir so, es gibt ausser im Schlaf kaum Augenblicke, in denen ich dich nicht vermisse und nicht an dich denke. Ich fühle mich, als gehörte ich seit deinem Tod weder zu den Lebenden noch zu den Toten. Ich bin irgendwo in einer Zwischenwelt und kann weder am Leben noch am Tod Anteil haben.

Ich kann kaum mit anderen lachen, habe keinen Anteil am Leben und begegne auch kaum Menschen. Ich lebe und fühle mich innerlich tot. Alles, was ich kann, ist dasitzen und weinen. Ich will weder das Leben noch den Tod wahrhaben. Was bleibt da?

Zum ersten Mal am Grab zu stehen und den Grabstein mit dem Namen meiner verstorbenen Freundin darauf zu sehen, war ein Schock für mich. Nun hatte mich die ganze Realität ihres Tods eingeholt. Nun gab es kein geheimes Wünschen mehr, dass sie doch noch lebt. Erst wenn der Tod des geliebten Menschen real wird, sind auch weitere Schritte auf dem Trauerweg möglich.

Mir schnürte die Konfrontation mit der Realität zuerst einmal die Kehle zu, untröstlich konnte ich mich nicht mehr vom Grab wegbewegen. Bis mir der Psalm 63 in den Sinn kam. Es liegt eine Kraft darin, mit biblischen Erfahrungen trauern zu lernen. Diese jahrtausendealten Texte, die Trauererfahrungen ganzer Generationen enthalten, können Wegweiser auf dem unübersichtlichen und unfreiwillig gewählten Weg der Trauer sein. Sie können zu Begleitern werden, die Sprache in die Sprachlosigkeit und Hoffnung ins Entsetzen bringen, und dadurch Trost spenden. Biblische Texte, die das leisten können, gibt es viele. Einige besonders hilfreiche Bibelstellen sind Folgende: Psalmen (z. B. Ps 23, 63, 121, 139), Kohelet oder Hiob im Alten Testament oder aus dem Neuen Testament die Sturmstillung (Mk 4,35–41), die Geschichte vom Gang nach Emmaus (Lk 24,13–39) oder der immerwährenden Liebe Gottes (Röm 8,38–39).

Die einsamen Trauerwege

Trauerwege sind Wege, die man teilweise alleine zurücklegen muss. Dass man sich in solchen Situationen einsam fühlt, ist natürlich. Doch nach einem Suizid erfahren Hinterbliebene häufig eine tiefgreifende Isolation und Entfremdung vom Umfeld, die das normale Ausmass des Alleinseins übersteigt.

#10 Gemeinschaft – die nicht trägt

Nach der «Bruchlandung» haben alle Tätigkeiten und Aktivitäten an Bedeutung verloren und auch die Menschen, ihre Unbeschwertheit und Sorglosigkeit wurden mir fremd. Witze und Smalltalk waren kaum zu ertragen. Ich verstand vieles nicht mehr, hatte nicht die Energie, mich auf das vermeintlich «Oberflächliche» einzulassen. Am treffendsten fand ich meine damalige Gefühlslage im Gedicht «Im Nebel» von Hermann Hesse beschrieben:

Im Nebel

Seltsam, im Nebel zu wandern!
Einsam ist jeder Busch und Stein,

Kein Baum sieht den anderen,
Jeder ist allein.

Voll von Freunden war mir die Welt,
Als noch mein Leben licht war;
Nun, da der Nebel fällt,
Ist keiner mehr sichtbar.

Wahrlich, keiner ist weise,
Der nicht das Dunkel kennt,
Das unentrinnbar und leise
Von allem ihn trennt.

Seltsam, im Nebel zu wandern!
Leben ist Einsamsein.
Kein Mensch kennt den andern,
Jeder ist allein.

«Nun, da der Nebel fällt, ist keiner mehr sichtbar.» Ich sah niemanden mehr und wurde irgendwie auch nicht gesehen. Vielleicht stiess meine Schwere, mein Unverständnis für Normalität die Menschen zurück? Ich war vor meiner Reise und vor allem vor Angelikas Tod kirchlich sehr engagiert und involviert, doch nach meiner Rückkehr war da einfach nichts mehr. Ein halbes Jahr zuvor waren noch 340 Personen an unsere Hochzeit gekommen, viele aus der Jugendarbeit und der Kirche. Doch jetzt war niemand mehr da. In viele Menschen hatte ich investiert, viele begleitet, gecoacht und ermutigt. Doch nun, da ich Trost, Ermutigung und Freundschaft brauchte, war «keiner mehr sichtbar». Meine Mitbewohnerin, mein langjähriger Coach und mein Partner, die waren da, unaufdringlich, beharrlich, hilflos – aber sie fürchteten sich nicht. Und später kam mein kirchlicher Mentor als wichtige Person dazu. Ebenso blieb mir mein persönlicher Glaube. Auch wenn dieser vor allem aus Wutgeschrei, Anschuldigungen und Zweifeln Gott gegenüber bestand, hatte ich doch einen Anker, der etwas Halt geben konnte. Stur hielt ich an der Hoffnung auf Hoffnung fest.

Doch wo waren die zahlreichen ehemaligen Freunde aus der Kirche und der Jugendarbeit? Zu meiner Trauer und Verzweiflung gesellte sich eine tiefe Enttäuschung über die «Kirche» oder zumindest über das, was ich unter «Kirche» bis dahin verstanden hatte. Für mich war die Kirche zu einem frommen Haufen scheinheiliger Menschen geworden, der nur dann präsent ist, wenn alles gut aussieht, wenn es einem gut geht. Doch im Nebel, da war niemand mehr. Da wurden Hesses Worte erlebte und durchlebte Realität: «Leben ist einsam sein.» Wie konnte das nur sein? So schrieb ich damals in mein Tagebuch:

> Was ist Kirche? Ich weiss es nicht mehr. Nicht einmal mehr, an was ich glaube. Die Dinge, die so klar und unverrückbar erschienen sind, haben sich als Illusionen herausgestellt ... Ich habe keine Ahnung mehr, was Kirche ist. Ich glaube nicht an eine Institution, an Methoden, an «Verweltlichung» oder «Verchristlichung». Der Leib Christi (die Kirche) muss etwas anderes sein als das, was ich kenne. Was könnte es wohl sein?

Nach Angelikas Suizid hatten sich meine sozialen Kontakte massiv reduziert. Ich lebte in einer Parallelwelt und der Kontakt zu anderen Menschen fiel mir schwer. An ihren Fragen, am Lachen und am «Normalen» konnte ich nur noch mit grosser Anstrengung teilhaben. Das war sicher für viele befremdlich und neu. Eigentlich war ich für meine Initiative bekannt und dafür, dass ich auf Menschen zugehe. In dieser

TBA Nr. 170 z

schwierigen Trauerphase zeigte sich, dass sich mein Umfeld auf meinen Antrieb verlassen hatte. So kam es dazu, dass fast niemand auf mich zukam. Wahrscheinlich wäre es hilfreich gewesen, wenn sich gerade in dieser Situation Menschen um mich bemüht hätten. Wenn sie keine Furcht davor gehabt hätten, mir zu begegnen. Wenn sie mich eingeladen, besucht oder irgendwohin mitgenommen hätten. Ich war sicher schwer auszuhalten mit meiner Trauer und Verzweiflung, doch Begegnungen können Trost spenden. Ich hätte damals nicht viele Worte gebraucht und auch keine gutgemeinten Ratschläge und Weisheiten. Da, wo Menschen keine Angst vor mir und meiner Trauer hatten, da, wo ich mit allem ertragen wurde, waren Begegnungen und Beziehungen hilfreich.

Im Vergleich zu anderen Hinterbliebenen erfahren Suizidangehörige weniger Unterstützung und werden sozial negativer beurteilt. Gleichzeitig ziehen sie sich aber auch stärker zurück und fordern selbst weniger soziale Unterstützung.[23] Das führt dazu, dass die Einsamkeit und Isolation noch verstärkt wird.[24]

Wie Freunde schweigend und empathisch mittragen können, wird im ersten Teil der Erzählung über Hiob deutlich (Hiob 2,11–13). Ich kenne kaum eine andere Erzählung, die das so treffend veranschaulicht. Hiob sass untröstlich, trauernd und verletzt in Staub und Asche. Er sagte kein Wort. Seine Freunde setzten sich zu ihm und schwiegen sieben Tage und Nächte lang (biblisch gesprochen: solange es eben nötig war). Schweigende Präsenz wirkte schon bei Hiob tröstlich und verlieh ihm nach und nach Worte, wenn auch bittere, su-

23 Vgl. Wagner: Komplizierte Trauer, 20 und 48f
24 Vgl. a. a. O., 49

chende und fragende. Die schweigende Präsenz löste Hiob aus der inneren, wortlosen Erstarrung.

Die schweigende Zuwendung, gerade in der ersten Zeit der Trauer, kann das Gefühl tiefer Einsamkeit nicht einfach auflösen. Doch durch Freundschaft und in der Begegnung kann Trost gespendet werden.[25] Gute Tipps und Ermahnungen, das Leben positiv zu sehen, oder Menschen, die jemandem einreden wollen, dass hinter dem Suizid ein «grösserer Sinn» steckt oder Vertröstungen wie: «Du wirst sie im Himmel wieder sehen», helfen nicht. Diese Bemerkungen verstärken nur die Einsamkeit und Isolation. Soziale Kontakte, bei denen die Hinterbliebenen angesprochen, wahrgenommen und gesehen werden,[26] sind Begegnungen, die tragen.

25 Manchmal kann gerade die Hilflosigkeit eine Hilfe sein. Vgl. Schibilsky, Michael: Trauerwege. Ein Ratgeber für helfende Berufe, Düsseldorf, [6]2003, 34

26 Vgl. Buber, Martin: Das dialogische Prinzip. Ich und Du. Zwiesprache. Die Frage an den Einzelnen. Elemente des Zwischenmenschlichen. Zur Geschichte des dialogischen Prinzips, Gütersloh, [17]2017, 10

Das Innenleben im Trauerprozess

Trauern ist kein linearer Prozess – schon gar nicht bei einem Suizid. Das Innenleben gleicht manchmal einem emotionalen Chaos, bei dem sogar in inneren Zwiegesprächen Adressat und Adressatin durcheinanderkommen. Gedanken kreisen, und Gefühle wie Selbstzweifel, Schuld und Resignation wechseln sich gegenseitig ab.

11 Aus meinem Tagebuch (29. Okt. 2006)

Es tut mir so weh, dass Angelika nicht mehr hier ist. Alles erinnert mich an sie, mein Tag ist angefüllt mit Erinnerungen und Gedanken an sie. Egal wohin ich schaue, mein Blick kommt doch wieder zurück auf unsere Freundschaft. Eigentlich möchte ich den ganzen Tag nur schreien, zu dir rufen, das Ganze ungeschehen machen. Ja, mein Leben ist voller Erinnerungen, voll Leben von dir, und du bist nicht mehr hier, bist gegangen, freiwillig, ohne dich zu verabschieden.

Wie kann mein Leben voll von Leben von dir sein, obwohl du tot bist? Warum? Immer und immer wieder stelle ich diese Frage.

Ich würde so gerne mit dir hier sitzen, einen Kaffee trinken, reden, lachen oder dich einfach umarmen.

Ich weiss, dass ich diese Art von Freundschaft, die wir hatten, nie mehr haben werde.

Du bist gegangen, hast mich zurückgelassen. Ich muss mit dieser Tatsache leben. Ja, du hast richtig gehört, ich muss damit leben und irgendwann, wenn meine von Gott bestimmte Zeit gekommen ist, muss ich auch damit sterben. Doch ich werde mich freuen, dich wieder zu sehen, Zeit mit dir zu haben, die wir jetzt hier auf Erden nicht mehr haben.

Doch auch diese Vorfreude hilft mir nicht über meinen Schmerz und meine Einsamkeit hinweg.

Ach, wärst du doch hier, ich habe so viele Ideen ... Nun fliegen sie im Herbstwind dahin. Haben keine Person mehr, wo sie ankommen können, wo sie träumen können.

Warum hast du alles hingeschmissen? Auch unsere Freundschaft?

Ich fühle mich alleine, so alleine und sehne mich nach dir. Nach deinem Lachen und nach deiner sensiblen Art, nach den stundenlangen Gesprächen mit dir, dem gemeinsamen Lernen, ich sehne mich auch nach unseren sarkastischen Gesprächen.

Du bist gegangen. Ich muss es einfach akzeptieren, kann nichts dagegen tun. Unsere Freundschaft war mir so wichtig, du warst mir so wichtig. Warum?

Ich hoffe, du bist geborgen, in den Armen Gottes getröstet. Ich hoffe, alle deine Tränen sind abgewischt und du kannst leben und lieben ohne Verletzungen.

Auch wenn unsere Freundschaft dich nicht hier halten konnte, die Sehnsucht nach dem Tod, vielleicht auch nach dem Reich Gottes, grösser war als der Lebenswille, hoffe ich von ganzem Herzen, dass ich dir durch unsere Freundschaft zeigen konnte, wie liebenswert und wertvoll du bist.

Ich kann nicht anders als weinen – und selbst das scheint nicht zu genügen, ich muss mein Schreien unterdrücken, obwohl dies viel mehr meinen Schmerz ausdrücken würde. Wie sonst kann ich der Traurigkeit Luft machen, und den Schmerz ertragbar? Ich weiss es nicht und ich kann es nicht. Ich fühle mich untröstlich und verzweifelt.

Gott, das Leben geht weiter und ich scheine stillzustehen. Zweieinhalb Monate ist es schon her seit dem Suizid, zweieinhalb Monate und meine Empfindung sagt, dass es doch erst wenige Tage sind. Ich habe nicht das Gefühl, dass du schon seit zweieinhalb Monaten tot bist. Nein, es ist erst vor Kurzem passiert. Manchmal habe ich noch das Gefühl, nach dir greifen zu können. Du bist noch da, du bist doch noch so anwesend und gegenwärtig in meinem täglichen Leben, ich warte darauf, dich endlich treffen zu können und doch wird es kein Treffen hier auf Erden mehr geben. In meinem Kopf weiss ich das, ich weiss, dass du gegangen bist ... aber ich kann nicht, ich will nicht.

Eine Kerze brennt auf dem Tisch, es dunkelt schon langsam ein, obwohl es erst 18.15 Uhr ist. Ich bin alleine, immer noch, habe gehofft, Andi oder Andrea kommen bald nach Hause. Doch niemand ist hier und es ist still – ganz still. Doch hier brennt diese Kerze, hell. Christus ist das Licht, das in der Finsternis scheint, und keine Finsternis kann es auslöschen. So, durch diese Augen betrachte ich Kerzen immer wieder. Mit der Gewissheit vom Licht Gottes, das auch im tiefsten Schmerz und in der Verzweiflung leuchtet und Wärme geben kann.

Das Licht nimmt meinen Schmerz nicht weg, bringt mein Weinen und inneres Schreien nicht zum Verstummen (momentan noch nicht), doch es brennt, mit der ganzen Kraft der Hoffnung. Auf was könnte ich hoffen, ausser auf dich, mein Gott?

Ich wollte diesen Tagebucheintrag so stehenlassen. Meine innere Zerrissenheit, der Kampf mit der Realität, der Schmerz und das Nicht-wahrhaben-Wollen kommen darin zum Ausdruck. Dies zeigt sich beispielsweise in der Sprache. Von Satz zu Satz gibt es Wechsel. Manchmal wird Angelika direkt angesprochen, dann wieder gehen die Worte ins Leere und im nächsten Satz wird Gott zum Gegenüber. Damals fühlte es sich an, als würden die Emotionen und Gedanken auf einem Karussell mitfahren, das sich viel zu schnell dreht. Auf ein Gefühl folgte der nächste Gedanke. Auf Glaube folgte Zweifel, Sehnsucht und Verzweiflung. Doch immer wieder stand der unglaubliche Schmerz über den Verlust und die verlorenen Träume im Vordergrund.

Hinterbliebene eines Suizids müssen nicht nur mit dem Schmerz des Verlusts klarkommen, sondern auch mit dem Gefühl, existenziell abgewiesen und zurückgestossen worden zu sein. Der Freundschaft, allen Plänen und Hoffnungen wurde eine frei gewählte Absage erteilt (soweit ein Suizid wirklich frei gewählt ist). So bleibt bei vielen Trauernden ein Gefühl tiefer Verlassenheit und Zurückweisung zurück.

Postvention als Prävention

Für Hinterbliebene nach einem Suizid kann das Leben unerträglich werden. Suizide ziehen gerade im engen Familien- und Freundeskreis der verstorbenen Person weitere Suizide nach sich. Die Dringlichkeit und Wichtigkeit der Postvention sollte deshalb nicht unterschätzt werden.

#12 Die Todessehnsucht

Leben und Tod suchen sich, bedingen sich.
Tanzend im Spiel der Gezeiten,
ringend um Vergehen oder Sein.
Hoffnung schreitet selbstüberzeugt daher,
und schon wieder dahin.
Weggetragen vom Wind,
verweht durch die Flügel des Sturms.
Was bleibt, sind Fragen, Suchen und Irren,
Sackgassen und Brücken,
Sehnsucht nach Unendlichkeit.

Angelikas Tod hinterliess nicht nur eine klaffende Wunde in mir, sondern er stellte mein Leben selbst infrage, wie ich es im Gedicht oben damals zu beschreiben versuchte. Auf die Frage, wie ich ohne Angelika existieren sollte, wusste ich keine Antwort. Immer wieder verlor ich mich in der Trauer und Verzweiflung bis zu dem Punkt, an dem ich selbst nicht mehr leben wollte. Orientierungslos fühlte ich mich mal vom Leben, mal vom Tod angezogen, vom Wind getrieben, hin und her. Meine Sehnsucht nach meiner Freundin wuchs und mit ihr die Sehnsucht, selbst tot zu sein. Das sollte und durfte aber niemand wissen ausser mein Tagebuch, dem vertraute ich gleich nach dem Jahreswechsel am 2. Januar 2007 Folgendes an:

> Heute bin ich niemandem zumutbar. Ich will einfach verschwinden, mich in Luft auflösen und nicht mehr sein. Nicht mehr atmen, nicht mehr leben, nicht mehr ertragen. Fort sein, um nicht mehr zu sein. Ich halte es nicht mehr aus, ich kann nicht mehr, ich schaffe es nicht mehr. Ich sehne mich nach einem Paradies, nach einem schmerzfreien Ort oder einfach danach, inexistent zu sein. Alles fällt mir schwer, schlafen ist mir näher als leben. Dauernd möchte ich vom wachen Zustand fliehen, um das Wachsein und die Trauer nicht ertragen zu müssen. Machtlos fühle ich mich dieser Unlust am Leben ausgeliefert.

Ich rang mit mir und meinem Leben im Stillen und Geheimen. Niemand durfte das wissen, niemand sprach mich darauf an. Zum einen erlebte ich ja gerade am eigenen Leib mit, wie schmerzvoll, schwierig und überwältigend der Suizid einer geliebten Person sein kann. Das konnte, das durfte ich doch niemandem antun. Ich wollte meinen Partner und die Menschen meines Vertrauens nicht in die gleiche Situation bringen, in der ich steckte.

Und doch ... Meine Todessehnsucht war da. Sie liess sich nicht ignorieren, ich konnte sie mir nicht aus- und auch nicht kleinreden.

CARLOS PINHEIRO

Was meine suizidalen Gedanken noch verstärkte, waren aber diese verdammten Schuldgefühle. Die Trauer drohte mich immer wieder zu ersticken, doch die Schuldgefühle, die machten mich aggressiv – autoaggressiv. Ich hasste mich dafür, dass Angelika sich das Leben genommen hatte.

Immer wieder stellte ich mir die Frage, was ich hätte tun können, um ihren Tod zu verhindern. Ich war der Überzeugung, dass ich als Freundin versagt hatte und dass sie deshalb nun tot ist. Mit diesen Schuldgefühlen zu leben, war schwierig, fast unerträglich. Und so lebte ich Tag für Tag mit dem Wunsch, tot zu sein. Still nach aussen und innerlich Ringkämpfe ausfechtend, denn ich wollte meinen Partner und meine Freundinnen und Freunde nicht in die gleiche Trauersituation bringen, wie ich sie selbst gerade erlebte. Aber: Wenn ich tot wäre, wäre alles so einfach, alles könnte mir dann egal sein. Ich wäre zu Hause, da wo meine Freundin ist.

Nicht umsonst wird immer wieder darauf hingewiesen, dass das Selbsttötungsrisiko für nahestehende Hinterbliebene eines Suizids beachtlich ansteigen kann.

Durch den Verlust wird viel vom bisherigen Leben infrage gestellt, sodass das Leben der Trauernden plötzlich selbst an Sinn verlieren kann. Warum noch existieren, wenn ein Teil des Lebensinhalts fehlt und zum Sinnverlust noch Schuld, Scham, Stigmatisierung, Isolation und ein tiefes Gefühl der Verlassenheit kommt? So wird für manche Hinterbliebene das Leben unerträglich und ein Suizid scheint auch für sie ein bedenkenswerter Ausweg aus dieser psychischen Notlage zu sein. Das Suizidrisiko ist bei Hinterbliebenen, im Vergleich zur normalen Bevölkerung, zwischen zwei- bis zehnmal höher.[27] Es gibt Studien, die belegen, dass bei Jugendlichen, die um eine Suizidentin oder einen Suizidenten trauern, das Selbsttötungsrisiko fünfmal höher ist als bei Jugendlichen, die aufgrund eines anderen Todesfalls trauern.[28]

Dadurch, dass immer noch viele Beerdigungen innerhalb einer der Landeskirchen stattfinden, ist zumindest der Pfarrperson und manchmal auch den kirchlichen Freiwilligen bekannt, wer nach einem Suizid zurückbleibt. Hier kann aufsuchende kirchliche Seelsorge, die Integration statt Isolation und Ansprechen statt Schweigen zum Ziel hat, vernetzend und tröstend wirken. Dies in einer Weise, in der der Zuspruch des Evangeliums nicht nur hörbar, sondern erlebbar wird: «Und das Licht scheint in der Finsternis, und die Finsternis hat es nicht erfasst» (Joh 1,5). Das Potenzial einer tragenden christlichen Gemeinschaft bei der Nachbearbeitung eines Suizids ist nicht zu unterschätzen. Zugleich wird damit ein wichtiger Beitrag zur Suizidprävention geleistet. Des Weiteren sind in der Postvention nicht nur Seelsorgende vor Ort erforderlich, sondern auch kantonale (kirchliche) Anlaufstellen, die Hinterbliebene unterstützen und vernetzen. Auch Selbsthilfegruppen haben sich als hilfreich bei der Verarbeitung eines Suizids erwiesen.[29]

27 Vgl. Runeson, Bo / Åsberg, Marie: Family History of Suicide Among Suicide Victims, in: American Journal of Psychiatry 160, 2003, 1525–1526
28 Vgl. Aguirre, Regina / Slater, Holli: Suicide Postvention as Suicide Prevention. Improvement and Expansion in the United States, in: Death Studies 34/6, 2010, 529–540, 530f
29 Gerade für 15–30-jährige Hinterbliebene ist beispielsweise das Nebelmeer in Zürich, Bern und Biel eine gute und sichere Anlaufstelle: www.nebelmeer.net. Für weitere Informationen dazu vergleiche das Kapitel «Fachstellen und Hilfsangebote».

Der Alltag ist ein Minenfeld

Nach jedem Todesfall ist das Leben der Hinterbliebenen noch voll von Gegenständen und Orten, die an die verstorbene Person erinnern: die Verstorbene ist überall. Für manche Menschen ist dies tröstlich. Bei einem Suizid können aber gerade diese Erinnerungen auch belastend werden, denn überall wird man nicht nur mit der Verstorbenen, sondern auch mit den eigenen Schuldgefühlen, der Wut, Verzweiflung und der Angst konfrontiert.

13 Unorte und Sicherheitsräume

Wie bereits im Beitrag # 8 «Die Bruchlandung» angedeutet, war es mir nach Angelikas Suizid nicht mehr möglich, das Studium wiederaufzunehmen. Mein Leben ergab keinen Sinn mehr, warum sollte da ein Studium noch von Bedeutung sein?

Noch unerträglicher als die Sinnlosigkeit war es für mich zu ertragen, dass aus «unserem» Studium und «unseren» Plänen «mein» Studium und «meine» Pläne werden sollten. Weder Vernunft noch Disziplin brachten mich dazu, in den Zug zu steigen und nach Zürich an die Theologische Fakultät zu fahren. Meine Angst, von den Erinnerungen überrollt zu werden und den Schmerz nicht ertragen zu können, war zu gross. Mehr als vier Jahre hatten wir zusammen studiert und so war jeder Winkel der Fakultät mit Erinnerungen behaftet. Im «Sternchensaal» hatten wir das Hebräisch durchgestanden und ins Schofar gepustet, im Zimmer 108 Teile des Neuen Testaments und griechische Philosophen übersetzt und im Foyer mit Gläsern voll Wein versucht, Descartes, Augustinus und Leibniz zu verstehen. Wir haben an allen Ecken und Enden zusammen gelernt, gegessen und Kaffee getrunken und kaum ein Aufenthalt an der Fakultät verlief ohne ein gemeinsames Turnier am Töggelikasten. Über die Jahre waren wir ein fast unschlagbares Team geworden. Angelika im Sturm und ich im Tor: so trugen wir viele Siege davon. Die Rollenverteilung beim Tischfussball war gerade umgekehrt als sonst im Leben.

All dies und noch viel mehr kam mir augenblicklich in den Sinn, wenn ich nur daran dachte, nach Zürich zu fahren. Intuitiv wusste ich, dass ich wohl spätestens im Dachgeschoss der Theologischen Fakultät, beim Töggelikasten im Foyer, zusammenbrechen würde. Eigentlich hatte ich ja noch ein heimliches Hochzeitsgeschenk von Angelika zugut – nach unserer Hochzeitsreise sollte ein Töggelikasten für uns bereitstehen. Dazu kam es nicht mehr. Der Töggelikasten wurde zum Inbegriff unerfüllter Wünsche und Versprechungen und zum Symbol unserer, am Suizid zerbrochenen, Freundschaft. Was ich damals noch nicht wusste: ich sollte für viele Jahre keinen Töggelikasten mehr anfassen – ich mied dieses Spielgerät «wie der Teufel das Weihwasser».

Jegliche Erinnerungen an unser Studium mied ich – doch den Erinnerungen in meinem Alltag, der zeitlichen und emotionalen Leere, die diese Freundschaft hinterliess, konnte ich nicht entgehen. Wenn ich nicht gelähmt irgendwo sass oder arbeitete, dann bemühte ich mich darum, alles, was mich irgendwie an Angelika erinnern konnte, aus dem Weg und aus meinem Blickfeld zu schaffen. Denn einmal kam mir aus Versehen ein Foto von meiner Freundin in die Hände. Wie vom Blitz getroffen starrte ich auf das Bild und erstarrte. Ab diesem Zeitpunkt bemühte ich mich, Bilder, Gegenstände und sogar den Namen meiner Freundin zu meiden. Die Erinnerungen mussten weg – so als wären sie nie gewesen.

Nach dem Verlust eines Menschen sind plötzlich Orte, Gerüche, Gegenstände und Tätigkeiten emotions- und bedeutungsgeladen. Aus einem lebendigen Ort, wie der Universität, kann ein Unort werden. Tätigkeiten wie lernen, Kaffee trinken und ein Tischfussball-Turnier spielen, können zu einem Minenfeld von erdrückenden Erinnerungen werden. So erging es mir. Vieles war nach dem Suizid so stark mit Angelika verbunden, dass es mir nicht mehr möglich war, gewisse Tätigkeiten auszuführen oder mich an bestimmten Orten aufzuhalten. Ich fühlte mich wie eine Ertrinkende in lauter Erinnerungen und je mehr diese mit physischen Orten, Gerüchen und Tätigkeiten verbunden waren, desto mehr stand mir das Wasser bis zum Hals.

Für die «Aussenwelt» ist dieses Verhalten schwierig nachvollziehbar, aber Trauernde kennen solche Orte, die in ihnen Erinnerungen triggern. Diese, im Sinne einer Entlastung, in den ersten Monaten zu meiden, ist nicht falsch. Das Ringen mit der Realität des Suizids, mit der Trauer, dem Verlust, der Wut, der Schuld, der Liebe und dem Hass nimmt schon genug Raum ein. Allerdings muss auch da unterschieden werden, wo ein Vermeidungsverhalten stabilisierend wirkt und wo es pathologische Züge annimmt.[30]

Wenn vertraute Orte zu Unorten werden, kann es hilfreich sein, neue Sicherheitsräume aufzubauen und neue Gebiete zu erschliessen. Es braucht zuerst etwas psychische Kraftreserven, bevor solche Minenfelder wieder betreten werden können. Im kleinen, sicheren, neu erschlossenen Lebensraum kann diese Kraft gefunden werden. Wie dieser Ort aussieht und wo er sich befindet, muss von der trauernden Person selbst entdeckt werden. Manche Menschen schaffen sich einen inneren Rückzugsort, andere gehen in eine Kirche, setzen sich unter einen Baum, begeben sich auf eine Reise. Ich selbst habe diesen Ort auf dem Bauernhof gefunden.

30 Vgl. Kapitel «Theorie der Trauer». Für die Diagnostik von komplizierter Trauer vgl. z. B. Wagner: Komplizierte Trauer, 14–16

Körperliche Tätigkeiten als Trauerbegleiter

Trauern hat nicht nur psychische, sondern auch physische Aspekte. Dazu gehören beispielsweise Schlafstörungen, Atem-, Herz- oder Verdauungsbeschwerden, Störungen der Immunfunktion, Appetitlosigkeit oder erhöhte Mortalität. Somit wird der ganze Körper auf dem Trauerweg gefordert. Der Körper ist ein häufig vernachlässigter Teil der Trauerverarbeitung. Denn über den Körper können intensive Emotionen reguliert werden. Zudem kann es über den Körper zu einem Empowerment der trauernden Person kommen. Bei emotionalen und kognitiven Ohnmachtsgefühlen kann man über körperliche Betätigung wieder zu Handlungsfähigkeit gelangen.

14 Von der Uni in den Kuhstall

Da die Universität und das Theologiestudium zu Unorten wurden, war es mir nach Angelikas Suizid nicht mehr möglich, das Theologiestudium wieder aufzunehmen. Ich kehrte in meine existenzsichernde Arbeit als Lehrerin zurück, dies aber nur zu 40 % – die anderen 60 % Studienzeit blieben leer und unausgefüllt. Zu diesem Zeitpunkt waren wir seit sechs Wochen in der Schweiz zurück und ich wusste intuitiv, dass ich auf keinen Fall einfach zu Hause sitzen durfte, denn täglich überflutete mich die Verzweiflung. Weil ich lange mit einer ausgebildeten Landwirtin in einer WG gelebt hatte, wuchs in mir die Idee, auf einen Bauernhof zu gehen. Ich liebte Tiere, war zwar klein und fein, doch war mir körperliche Arbeit noch nie zuwider und ich war gerne draussen. So meldete ich mich bei einem Bauern, den ich kannte, und bot ihm meine Hilfe an. Freudig nahm er mein Angebot an und so arbeitete ich von da an 3–4 Tage pro Woche auf dem Bauernhof. Ich tauchte in eine ganz andere Welt ein. So putzte ich Kartoffeln, fegte den Stall, sammelte Abfall auf den Weiden ein, verpackte Fleisch und Eier, fällte Bäume, schlug Wände ein, baute den Dachstock um und hackte Holz. Jeden Mittag ass ich mit der Bauernfamilie die grossen Kochtöpfe leer. Diese Art der Arbeit machte hungrig! Der Appetit kam zurück und wer zehn Stunden pro Tag auf einem Bauernhof arbeitet, schläft auch in der Nacht wieder besser. Die Arbeit auf dem Hof war streng, tat mir aber sehr gut. Besonders gerne verarbeitete ich die Baumstämme zu Brennholz. Manchmal arbeitete ich so lange, bis ich alle Wut rausgelassen hatte. So kam es ab und zu vor, dass ich am Abend mehr als drei Tonnen Holz herumgetragen und verarbeitet hatte. Ich lernte die heilende Wirkung von Holzhacken und körperlicher Arbeit kennen. Meine Wut und Trauer fanden dann Ausdruck, wenn ich alleine auf dem Feld oder im Wald arbeitete. Die existenzielle Abhängigkeit von der Natur, die mir auf dem Bauernhof bewusst wurde, tat mir gut. Nur wo gepflügt wird, kann gesät werden, nur wo gepflegt wird, gibt es eine Ernte. Vieles, was ich auf dem Bauernhof ass und trank, wurde direkt dort erzeugt, es war eine Frucht der Arbeit, an der ich beteiligt war. Den Most, den wir tranken, hatten wir zuvor hergestellt, das Fleisch, das wir verpackten, kam vom Rind vom Hof (auch wenn ich das nicht ass) usw. Leben und Tod schienen auf dem Hof näher, natürlicher und so verlor Angelikas Suizid zumindest ein kleines bisschen von seiner Unnatürlichkeit.

Gerade wenn man von einem Suizid so direkt betroffen ist und mitten in der Trauer steckt, ist es schwierig, überhaupt etwas zu machen oder sich für etwas zu begeistern. In den ersten Wochen sass ich viel alleine zu Hause und versank in der Trauer. Doch meine Vernunft sagte mir damals, dass dies keine längerfristige Lösung ist. Woher ich die Kraft hatte, um mir eine Arbeit auf einem Hof zu suchen, weiss ich nicht mehr. Aber es war eine gute Entscheidung. Ich verdiente zwar nichts, lernte aber viel. Durch die Arbeit auf dem Hof musste ich meine Isolation verlassen und war nun täglich mit Menschen zusammen. Körperliche Arbeit tat mir psychisch und physisch gut.[31] Ich lernte, wie existenziell Zusammenarbeit sein kann, wenn z. B. ein Dachstock renoviert oder ein Baum gefällt wird. Ich lernte, dass unser menschlicher Körper viel mehr leisten kann, als ich gedacht hätte. Ich war auf dem Hof nicht immer aufgestellt, es ging mir häufig nicht gut, doch das war o.k. Ich arbeitete und die anderen auch. Wir assen gemeinsam und liessen uns leben – ohne allzu grosse Erwartungen. Sicher ist die Arbeit auf einem Bauernhof nicht für alle Trauernden die geeignete Möglichkeit, um sich langsam wieder auf den Lebensweg zu begeben. Aber vielleicht gibt es andere sinnstiftende und sinnvolle Tätigkeiten? Mitarbeit im Tierschutz? Soziale und/oder physische Aktivitäten? Sport und körperliche Betätigung hilft nicht nur bei Depressionen, sondern kann auch bei langen Trauerprozessen neue «Lebensgeister» wecken und Wut und Trauer transformieren.

31 Vgl. Seidler, Günter H./Freyberger, Harald J./Maercker, Andreas: Handbuch der Psychotraumatologie, Stuttgart, [2]2015, 238

Festzeiten als besondere Herausforderungen

Festzeiten gehören nicht nur für viele Alleinstehende, sondern auch für Trauernde zu den besonderen Herausforderungen. Weihnachten ist wohl das schwierigste Fest, denn gerade da haben viele Hinterbliebene das Gefühl, funktionieren und fröhlich sein zu müssen.

#15 Wie feiert man Weihnachten?

Obwohl ich mich durch die Tage hindurchschleppte, ging das Leben unaufhaltsam weiter, zumindest auf dem Kalender: Oktober, November, Dezember. Weihnachten rückte immer näher und ich immer weiter weg von den Menschen. Es blieben wenige konkrete Erinnerungen aus dieser Zeit in meinem Gedächtnis haften, sondern vielmehr dumpfe, neblige Gefühle, Orientierungslosigkeit und Fremdheit. Die Weihnachtsbeleuchtung auf den Strassen, an Häusern und Einkaufszentren fielen mir gar nicht auf. Aber wenn ich mich einem Laden näherte, hörte ich die altbekannten Weihnachtslieder. «Jingle Bells» und «Last Christmas» dröhnten mir entgegen und die Schaufenster waren voll von glitzernden, unnötigen Dingen. Menschen strömten durch die Strassen und alle bereiteten sich auf die Festtage vor. Wie ein fremder, verzerrter Film liefen die Weihnachtsvorbereitungen vor meinen Augen ab. Feiern? Was konnte ich feiern? Den dunkeln Winter? Die grauen Tage? Ein Fest ohne meine Freundin? Doch mehr als die Frage nach dem Was trieb mich diejenige nach dem Wie um: Wie konnte ich feiern, jetzt, wo nichts mehr so war, wie es sein sollte?

Mir graute vor Weihnachten, vor den Familienfesten, vor scheinbar glücklichen Gesichtern. Aber mehr noch waren mir die theologisch aufgeladenen Geschichten zuwider: Maria und Josef, Esel, Betlehem und Könige, ein Gott, der Mensch wurde. Ich aber wollte keinen Gott, der Mensch wurde, keine Feste, üppige Essen und Lichter, nein, ich wollte Angelika zurück. Das war mein einziger Wunsch.

Die Weihnachtstage waren dann tatsächlich sehr anstrengend. Es war kräftezehrend eine einigermassen fröhliche Fassade aufrechtzuerhalten, belanglose Gespräche zu führen und mir nichts anmerken zu lassen. Ich wollte ja niemandem das Fest verderben und trauernde Menschen sind, gesellschaftlich gesehen, nicht unbedingt die angenehmsten Menschen. Für alle war Angelika schon lange tot. Sie war ja nicht Familie, war nur meine Freundin, eine Bekannte, welche die meisten nicht gut kannten. Ich spielte das Spiel mit. Nur einmal verlor ich die Fassung, und zwar als meine Grossmutter meine verstorbene Freundin erwähnte und ich ihre Fassungslosigkeit über den Suizid spürte. Wie bereits in den ersten Beiträgen beschrieben, erwähnte kaum je jemand laut Angelikas Namen. Ausser meiner Grossmutter, sie vergass auch nach Jahren den Suizid nicht und betrauerte das, in ihrem Weltbild, «vergeudete» Leben.

Festzeiten gelten als besondere Herausforderungen für Trauernde und umso mehr für Hinterbliebene eines Suizids. Zum einen wird an diesen Tagen das Fehlen der Verstorbenen besonders spürbar, zum anderen ist da der Druck, funktionieren zu müssen noch höher. Dies führt dazu, dass sich Trauernde einsam und missverstanden fühlen oder sich zurückziehen und isolieren. An Weihnachten, dem Fest, an dem Gott Mensch wurde, wäre es naheliegend, den Hinterbliebenen eines Suizids auch Mensch zu werden. Konkret: Es wäre entlastend, wenn Trauernde am Fest teilnehmen könnten, ohne Fassaden aufrechterhalten zu müssen. Wenn Freude und Leid gleichermassen Platz hätten. Die Festtage sind zudem angefüllt mit Familienritualen und Verpflichtungen. Manchmal ist es für Trauernde notwendig, in sich hinein zu hören und sich zu überlegen, welche Menschen und Formen der Feier wohltuend sind. Das kann auch heissen, mit Familientraditionen zu brechen und neue Feiertagsrituale zu kreieren.

Trauern als Begegnung mit der Leere

Das Innenleben von Hinterbliebenen nach einem Suizid ist für Aussenstehende schwer nachvollziehbar. Das, was der Person Freude bereitet hat, ist ihr nun egal. Das, was sie häufig gemacht hat, tut sie nicht mehr, denn immer wieder wird die trauernde Person mit der lähmenden Leere konfrontiert.

16 Die Leerstelle

Die Weihnachtstage waren vorbei und das neue Jahr brach bald an. Das erste Mal seit zehn Jahren wollte ich nicht über Neujahr in das Lager der Kirchgemeinde gehen. Normalerweise liebte ich das Neujahrslager, ich kannte fast alle der über 100 Teilnehmenden und war vor Angelikas Tod ein fester Teil dieser christlichen Gemeinschaft gewesen.

Doch seit Angelikas Tod hatte sich vieles verändert. Ich fühlte mich nicht mehr als Teil dieser Gemeinschaft. Grössere Menschenansammlungen erschreckten mich. Unter Menschen fühlte ich mich noch einsamer und die Lücke, die Angelika hinterlassen hatte, wurde mir noch schmerzlicher bewusst. Von den Leuten des Cevi fühlte ich mich nicht verstanden, sondern entfremdet. Zudem waren all die Kirchenlieder und Worship-Songs nur noch eine Farce für mich. Wie konnte ich «Grosser Gott, wir loben dich» oder «Shine, Jesus, shine» singen und ganz anders empfinden? Nein, all diese Lieder sollten nicht mehr über meine Lippen kommen. Sie waren kein Trost, sondern mutierten zu reinen Provokationen in meinem Leben.

So blieb ich zu Hause, wollte den Jahresübergang von 2006 zu 2007 nicht feiern, keine Menschen sehen und nicht wieder die fröhliche «Weihnachtsmaske» anziehen müssen. Ich wusste auch nicht, was ich zu feiern gehabt hätte, denn in mir blieb nur diese Leere zurück. Der Verlust von Angelika war das Einzige, was ich noch sehen konnte, das Einzige, was zählte. Alles andere verlor ganz und gar an Bedeutung in meinem Leben. Auch die Menschen, die mir lieb waren, die versuchten mich zu verstehen, wie mein Mann und meine langjährige WG-Freundin, nahm ich nicht mehr richtig wahr. Sie konnten nicht mehr zu mir durchdringen.

Wie eine Kluft umschloss mich die Leerstelle, die Angelika in meinem Leben hinterlassen hatte. Es war still um mich herum und alles Leben wurde von dieser gewaltigen Leere verschluckt. Ich war nicht in der Lage, über diesen scheinbar unüberwindlichen Graben Brücken zu schlagen.

So gerne hätte ich mehr Lebenszeit mit Angelika geteilt. In meinem Tagebuch betrauerte ich die gestohlene Zeit:

> Ich hätte mir mehr Zeit, mehr Gespräche, mehr Erlebnisse mit dir gewünscht. Hättest du dir nicht mehr gewünscht? Angelika, warum hast du mich allein gelassen, schreit es immer und immer wieder in mir.

Sie hatte mich und uns um die gemeinsamen Träume, um die gemeinsame Zeit betrogen und in meiner Wahrnehmung blieb ein Nichts zurück.

Wie anhand meines Beispiels aufgezeigt, kann bei Hinterbliebenen eines Suizids das Gefühl der Leere überwältigend werden. Die Leere ist symptomatisch für die komplizierte Trauer vieler Hinterbliebener nach einem Suizid.[32] Das Leben, die Freundschaften und geliebten Menschen, das Schöne konnte ich nicht mehr sehen. Nach einem Suizid wird nicht nur um die Person selbst getrauert, sondern auch um die verlorene Zeit und die zerstörten Träume. Mehr als bei anderen Todesursachen hinterlässt ein Suizid das Gefühl, dass die verstorbene Person die gemeinsamen Träume absichtlich zerstört und die Hinterbliebenen um die Zeit zusammen beraubt hat. Die Leere reisst manchmal viele Brücken zur Welt ein. Brücken zu zuvor geschätzten Tätigkeiten, Aktivitäten und Menschen. In dieser Leere können auch zuvor tröstliche Lieder und bekannte Texte Wut und Ablehnung auslösen. Wie bereits beschrieben (vgl. «Mit biblischen Erfahrungen trauern»), können biblische Texte und traditionelle Gebete den Trauerprozess unterstützen. Allerdings bergen liturgische Formen, zu denen ich auch Worship-Lieder zähle, auch die Gefahr, dass sie in der Trauer befremdlich oder zynisch wirken. Die Inhalte bekannter Gebete und Lieder können konträr zum inneren Erleben von Hinterbliebenen laufen und so Leere, Einsamkeit und Hoffnungslosigkeit verstärken. Welche Texte und Lieder trösten, welche provozieren oder gar verletzen, ist sehr individuell. Doch im positiven Fall können sie, besonders im Rahmen seelsorgerlicher Begleitung, das kognitive Verständnis für die eigenen Trauermechanismen fördern.

Die Leere riss auch Brücken zu anderen Menschen ein. Mir war es damals nicht möglich, diese Brücken wiederaufzubauen. Wie schon so häufig erwähnt, sind andere Men-

32 Vgl. Kapitel «Theorie der Trauer»

schen, die sich darum bemühen, den Alltag der Trauernden mit Leben zu füllen und vor der manchmal abweisenden Art nicht zurückschrecken, ausschlaggebend für den Verlauf des Trauerprozesses. Die Trauer und Leere der Hinterbliebenen zu akzeptieren, ist zentral. Genauso wichtig ist es aber auch, kleine Brücken der Hoffnung zu der trauernden Person hin zu bauen. Ein kurzer Besuch, ein Stück Kuchen, ein nettes Wort, ein Kärtchen, ein Lächeln, eine Unternehmung, ein Zeichen der Freundschaft, ein gemeinsames Glas Wein, eine Lerngruppe, ein Telefongespräch, eine Umarmung, ein offenes Ohr, der Link zu einer Fachperson, Farben und Papier, Kaffee und vieles mehr ... Es braucht nicht viel, um mit dem Bau der Brücke zu beginnen, nur etwas Mut, doch jeder Baustein kann viel bewirken.

Vermeidungsverhalten auf dem Trauerweg

Auf manchen Trauerwegen gibt es auch Sperrzonen. Diese können gedanklicher, räumlicher, visueller oder personaler Art sein. Diese Sperrzonen müssen zuerst erkannt und bewusst gemacht werden, damit Schritte zurück in den Alltag möglich sind. Trauerbegleitende und Seelsorgende können hierin eine wichtige Funktion übernehmen.

17 Zurück in den Alltag (1): Sperrzonen erkennen

Schon nahte der Frühling, die Tage wurden wieder länger und auch etwas wärmer. Doch mein Studium hatte ich nicht mehr aufgenommen. Ich konnte und wollte nicht mehr studieren, aber vor allem fühlte ich mich immer noch nicht fähig, nach Zürich zu gehen. Schon vor meiner Hochzeitsreise und vor Angelikas Suizid hatte ich für den Frühling 2007 ein Gespräch mit meinem kirchlichen Mentor abgemacht. Und da ich ungern Termine absage, ging ich zum Gespräch. Die Ausbildung zur Pfarrerin sah vor, dass jede Person, die beabsichtigt, die praktische Pfarrausbildung im Anschluss an das Studium zu absolvieren, eine Pfarrperson als Mentorin oder Mentor haben musste. Die

Aufgabe dieses Mentors war es, einen bereits während des Studiums zu begleiten und bei den obligatorischen kirchlichen Eignungsabklärungen dabei zu sein. Als ich meinen Mentor im Kirchgemeindehaus traf, wusste er nicht, dass ich nicht mehr studierte. Ich kannte ihn nun schon ein paar Jahre und hatte ihn als kompetent und vertrauenswürdig erlebt. So erzählte ich ihm von der Selbsttötung meiner Freundin und meiner Orientierungslosigkeit. Zögerlich sprach ich weiter und erklärte ihm, dass ich mein Studium nicht mehr aufgenommen hätte und dass ich nicht wisse, ob ich dazu nochmals in der Lage sein würde. Es war mir zwar peinlich, trotzdem erzählte ich ihm von dieser unsichtbaren, unüberwindbaren Wand, die zwischen dem Zürcher Oberland und Zürich zu sein schien und die es mir verunmöglichte, wieder an die Universität zu gehen. Mein Mentor hörte mir aufmerksam zu und stellte ein paar Rückfragen. Er wollte wissen, ob ich generell Angst vor der Stadt Zürich hätte oder ob es gewisse Gebiete seien, die mir Mühe bereiten. Er stellte Rückfragen zu den Orten, wo wir gemeinsam gelernt hatten und wollte wissen, vor welchen Räumen an der Uni ich mich besonders fürchtete. Er erkundigte sich danach, wo ich Angelika kennengelernt hatte und in welchen Räumen wir uns am meisten aufgehalten hatten. Mein Mentor tastete sich langsam an das Thema heran. Durch seine gezielten Fragen zwang er mich dazu, konkreter zu werden, die Angst zu benennen und gewissen Orten und Räumen Erinnerung zuzuweisen. Wie ein Kartograf und eine Kartografin begannen wir, das Gebiet zu vermessen und Grenzen und Wegmarken zu zeichnen. Dadurch bekam die Angst Konturen und wurde greifbarer. So wurde mir bewusst, dass ich nicht vor Zürich an sich Angst hatte, sondern vor dem Gebiet um die Theologische Fakultät. Der Angstpegel stieg, je mehr ich mich gedanklich der theologischen Fakultät näherte. Am meisten fürchtete ich mich vor dem Aufenthaltsraum, da, wo ich Angelika kennengelernt hatte. Da, wo wir gemeinsam gekocht, gelernt und Tischfussball gespielt hatten.

Ich konnte feststellen, dass die Angst linear mit der Menge von Erinnerungen, die ich gewissen Räumen und Orten zuschrieb, stieg. Je mehr Angelika-Erinnerungen ich mit einem Ort verbinden konnte, desto grösser wurde die Angst vor diesem Raum. Die Angst wurde konkreter, sie bekam eine Form und einen Umriss. Es war die Angst davor, dass mich die Trauer über den Verlust überwältigt, so sehr, dass ich es nicht mehr ertragen könnte. Ich hatte Angst davor, diese Gefühle nicht auffangen und kanalisieren zu können und davor, ganz alleine an diesen erinnerungsbeladenen Orten zu stehen.

Gegen Ende des Gesprächs hielt mein Mentor inne, überlegte kurz und schlug mir vor, gemeinsam nach Zürich zu gehen und zusammen diese Orte zu besuchen. Ich wusste, dass er ein geübter Notfallseelsorger ist, der auch andere Notfallseelsorgerinnen und -seelsorger ausbildet. So stimmte ich seinem Vorschlag zu und wir vereinbarten einen Termin für die kommende Woche.

Menschen, die unter komplizierter Trauer leiden, zeigen vermehrt Vermeidungsverhalten. Ähnlich wie Menschen mit posttraumatischen Belastungsstörungen weichen sie Erinnerungen und Orten aus, weil es sonst zu Intrusionen und kaum aushaltbaren Trauerreaktionen kommen kann. Zudem führt das Vermeidungsverhalten bei Trauernden dazu, dass sie sich von Menschen und Tätigkeiten zurückziehen, die eigentlich den Trauerprozess unterstützen würden.[33]

33 Vgl. Wagner: Komplizierte Trauer, 16–19

Es war ein Glücksfall, dass ich eine hochqualifizierte, in der Notfallseelsorge sehr geübte Pfarrperson als Mentor hatte. Er erkannte, dass die Angst wie eine dunkle Wolke über mir schwebte. Indem er mir half, die Angst zu benennen und die Erinnerungen konkreten Orten und Räumen zuzuordnen, verlor sie ihre Übermacht und wurde fassbar. Mit ihm zusammen wurde es möglich, der Furcht ins Gesicht bzw. in die geografischen Orte, Räume und Erinnerungen zu schauen. Eine Angstreduzierung ist häufig nicht alleine machbar, sondern es ist nötig, dass eine kompetente Pfarrperson / Fachperson bei dieser Aufgabe hilft. Um die Angststrukturen zu durchbrechen, braucht es gezielte Expositionen. Es ist wesentlich, dass sich jemand mit der Thematik auskennt, in der Lage ist, ein den Umständen angepasstes Seelsorgegespräch zu führen und die Situation gegebenenfalls auffangen kann. Fachpersonen, Pfarrpersonen, kompetente Begleiterinnen und Berater sind in diesem Schritt der Trauerbewältigung zentral. Sie sind es, die auf Wege hinweisen können, die gangbar sind, und die diese mit der trauernden Person zusammen beschreiten. Trauernde mit Vermeidungsverhalten haben weder den Blick noch die emotionale Kapazität, diesen Weg alleine zu gehen. Es braucht Hilfs- und Fachpersonen, welche die Brücken zurück ins Leben und in den Alltag bauen.

Begleitete Exposition und Sperrzonen

Um Vermeidungsverhalten zu überwinden, braucht es unterschiedliche Formen der Exposition. Nebst der bewussten, emotionalen und gedanklichen Konfrontation mit vermiedenen Erinnerungen und Aktivitäten, kann auch der Besuch von belastenden Orten positive Effekte auf die weitere Trauerverarbeitung haben.

18 Zurück in den Alltag (2): Sperrzonen betreten

Ich willigte etwas zögerlich in den Vorschlag meines kirchlichen Mentors ein, mit ihm zusammen nach Zürich an die Theologische Fakultät zu gehen. Es beruhigte mich zu wissen, dass er schon öfter mit Hinterbliebenen eines Suizids Orte besucht hatte, die zu inneren Sperrzonen wurden.

Wir besprachen vorab, welche Orte wir gemeinsam besuchen werden und wir vereinbarten einen Zeitrahmen. Mein Mentor erklärte mir detailliert, wie er solche «Besuche» gestaltet. Er erklärte mir, dass wir immer wieder Pausen machen und an den einzelnen Orten verweilen werden. Dass er jeweils wissen wolle, wie es mir gehe und auch nach spezifischen Erinnerungen fra-

BARIŞA
GEREK VAR!
BALLAST

gen werde. Zwischen dem ersten Gespräch und dem geplanten Besuch der Sperrzonen lag eine Woche. Während dieser Woche bereute ich die Abmachung immer wieder. Ich zweifelte an der Aktion, wollte mich gerne mit meiner Angst verkriechen, aber sicher nicht mit ihr konfrontiert werden. Doch glücklicherweise verhinderten mein Stolz und meine Sturheit, dass ich den Termin mit meinem Mentor absagte. Zudem hatten mich seine ruhige und kompetente Art überzeugt und ich traute ihm zu, die Situation im Griff zu haben.

So trafen wir uns eine Woche später um 10.00 Uhr am Bahnhof in Wetzikon und nahmen die S5 Richtung Zürich Stadelhofen. Im Zug sprachen wir zuerst über Belangloses, dann erklärte er mir nochmals den Ablauf des Besuchs. Wir planten, vom Bahnhof Stadelhofen zur Theologischen Fakultät beim Grossmünster zu spazieren. Dort wollten wir bestimmte Orte und Räume zusammen besuchen und uns im Aufenthaltsraum – der für mich schwierigste Ort – etwas mehr Zeit nehmen. Abschliessen wollten wird den Besuch an der Florhofgasse, wo damals die Praktische Theologie untergebracht war. Glücklicherweise war es ein sonniger Tag und so stiegen wir am Bahnhof Stadelhofen aus und setzten uns zuerst auf eine Bank. Mir war übel vor Nervosität, Angst oder wovor auch immer. Doch während wir so auf der Bank sassen und ich meinem Mentor zeigen konnte, wo Angelika und ich uns immer getroffen hatten, wurde es besser, ich wurde ruhiger. Der Bahnhof war plötzlich nicht mehr furchteinflössend, sondern wurde wieder zu einem belebten Raum mit regem Kommen und Gehen. Nach ein paar Minuten machten wir uns auf und spazierten zur Theologischen Fakultät. Auf dem Weg dorthin wollte mein Mentor etwas näher wissen, was die Freundschaft zu Angelika auszeichnete, was uns verband, was wir auch ausserhalb der Universität gemeinsam erlebt hatten. Ich erzählte ihm von unserer WG-Zeit, von den nächtlichen

Joggingtouren auf den Bachtel und von den Höhen und Tiefen unserer Freundschaft. Auch Angelikas psychische Probleme, ihr schlechtes Selbstbild und meine ständige Angst vor einem Suizid kamen zur Sprache. In der Fakultät angekommen, gingen wir zuerst in den Raum, wo ich Angelika im Hebräischunterricht kennengelernt hatte. In diesem Raum erzählte ich meinem Mentor von den Anfängen unserer Freundschaft. Ich beschrieb ihm, wie mir diese schüchterne und sympathische Person aufgefallen war und wie ich sie fragte, ob wir nicht zusammen lernen wollten. Es war wohl das erste Mal seit Angelikas Suizid, dass mich die Erinnerungen nicht nur traurig machten, sondern dass ich mich an ihnen auch ein bisschen freuen konnte. Gemeinsam gingen wir weiter in andere Seminarräume, in die Bibliothek, in den zweiten Stock, dann in den dritten, bis wir im Aufenthaltsraum standen. Alles schien noch gleich zu sein. Die Tische, das Chaos um die Spüle, der Kühlschrank und etwas weiter hinten der Töggelikasten. Beim Anblick des Töggelikastens erstarrte ich innerlich. Wie sehr hatten wir dieses Ding geliebt. Wir waren ein super Team gewesen, fast schon unschlagbar. Mein Mentor und ich setzten uns. Zögernd erzählte ich ihm von diesem Raum und von den vielen Erinnerungen. Es war seltsam, da zu sitzen, der Raum sah gleich aus und doch fühlte sich alles anders an. Nach längerer Zeit nahmen wir die letzte Etappe unseres Besuchs in Angriff, die Florhofgasse. Aber nachdem ich den Aufenthaltsraum «überlebt» hatte, war auch die letzte Station kein Problem mehr.

Es war ein intensiver Morgen, viele Erinnerungen und Emotionen wurden wachgerüttelt und kamen hoch. Doch es hatte sich gelohnt. Ich wusste, dass ich wieder in der Lage sein würde, mein Studium aufzunehmen. Nach mehr als zwei Stunden kehrten wir zum Bahnhof zurück, wo wir auf den Besuch zurückblickten und sich unsere Wege trennten.

Nicht alle Trauernden schützen sich vor ihren Erinnerungen und Gefühlen mit geografischen Sperrzonen. Andere errichten beispielsweise Sperrzonen, indem sie gewisse Tätigkeiten nicht mehr ausüben oder erinnerungsbeladene Gegenstände nicht mehr ansehen und anfassen. Sich gegenständlichen und örtlichen Sperrzonen anzunähern, ist ein wichtiger Schritt im Trauerprozess. Bei komplizierter Trauer haben die unterschiedlichen Formen der Exposition positive Wirkung auf den Trauerprozess.[34] Es ist eine Aktion, die zurück ins Leben führt. Wer für diese Schritte kompetente und sensible Begleit- oder Fachpersonen an der Seite hat, kann nicht nur das Vermeidungsverhalten überwinden, sondern bricht gleichzeitig auch aus der emotionalen Isolation aus. Da Begleitpersonen nicht von der Furcht und Trauer gefangen sind und von persönlichen Emotionen überwältigt werden, können sie die Aussenperspektive auf die Situation (oder die Orte) wahren und gleichzeitig um die innere Verfasstheit der trauernden Person wissen. «Under control» sein heisst hier, empathisch die Fäden von Emotionen, Erinnerungen, Orten, Tätigkeiten und Gegenständen zusammenzubringen, ohne die trauernde Person zu überfordern. Wenn das gelingt, können Ängste abgebaut und Sperrzonen wieder zu Lebensräumen werden.

34 Vgl. Wittouck, Ciska / Van Autreve, Sara / De Jaegere, Eva / u. a.: The prevention and treatment of complicated grief. A meta-analysis, in: Clinical Psychology Review 31/1, 2011, 69–78

Befreiende Wut

Bei vielen Hinterbliebenen, wenn auch nicht bei allen, melden sich nach einem Suizid irgendwann auch Emotionen wie Wut und Empörung. Viele sind wütend auf die verstorbene Person, weil diese sie verlassen hat. Des Weiteren kann sich die Wut auch gegen das soziale Umfeld, die betreuende Therapeutin der Suizidentin oder deren Familie richten. Obwohl Wut in unserer Gesellschaft negativ bewertet wird, kann gerade durch sie das eigene Leben langsam zurückkommen.

19 Die Wut bricht durch

Acht Monate nach Angelikas Suizid hatte ich es nun zum ersten Mal gewagt, zurück an die Uni zu gehen. Die Sperrzone hatte ich betreten und unsichtbare Barrieren waren eingebrochen. Doch der erste Besuch in der Sperrzone ging nicht spurlos an mir vorbei. Am nächsten Tag tobte ein Erinnerungs- und Gefühlswirbelsturm in meinem Inneren. Angelikas Suizid hatte mich bis dahin häufig in eine lähmende Starre, in Verzweiflung und scheinbar unendliche Trauer versetzt. Doch nun traten andere Gefühle in den Vordergrund, die zwar schon vorher da waren, die ich aber bisher nicht bewusst wahrgenommen hatte. Meinem Tagebuch vertraute ich damals Folgendes an:

Gestern war ich das erste Mal wieder in Zürich an der Fakultät, dank Peter. Doch wie einsam und verlassen habe ich mich ohne Angelika gefühlt. Wie vertraut und gleichzeitig entfremdet ist mir alles vorgekommen. Mir wurde wieder einmal schmerzlich bewusst, wie allein und im Stich gelassen ich mich von Angelika fühle. Alles hat nichts mehr gezählt, die Pläne, Abmachungen, aber vor allem auch unsere Freundschaft – alles wurde für sie so bedeutungslos, dass sie es einfach wegwarf. Angesichts des Tods von Angelika glaube ich manchmal, nie mehr richtig lachen zu können, entweder bin ich tief traurig oder unglaublich wütend.

In die Gefühle von Trauer und Einsamkeit mischten sich nun vermehrt Wut und Enttäuschung. Sie hatte alles weggeworfen, alle gemeinsamen Pläne, alle Abmachungen, Versprechen, einfach alles. Wie konnte sie mir bzw. uns das nur antun?! Das war verdammt nochmal unfair. Ich schäumte vor Wut und war zutiefst enttäuscht von Angelika. Gleichzeitig erschrak ich selbst über meine starken Gefühle. Durfte ich so wütend auf meine Freundin sein? War das legitim? Sie konnte ja nicht anders – oder? Wie ein Tiger im Käfig ging ich im Wohnzimmer auf und ab. Ich wusste nicht wohin mit meiner Wut. Sollte ich sie an mir selbst auslassen? An meinen Mitbewohnenden? Vor Enttäuschung hätte ich laut schreien können – doch ich schwieg. Fürs Erste. Irgendwann zog ich meine Joggingschuhe an und lief in den nächsten Wald. Da stand ich nun alleine, stampfte und trat auf die Bäume ein, die um mich herum standen. Immer und immer wieder schlug und kickte ich auf die Baumstämme ein. Ich war unglaublich wütend auf meine tote Freundin und hatte gleichzeitig kein Ziel mehr für meine Wut, Angelika hatte sich ja allem entzogen, mit meiner Wut und den Vorwürfen blieb ich alleine zurück. Irgendwann war ich müde vom Schlagen und Treten und hatte zudem schon blaue Flecken an Armen und Beinen –

doch ich fühlte mich ein bisschen besser. So ging ich wieder nach Hause. Ich setzte mich an den Küchentisch, machte einen Plan für den Studienabschluss, entwarf meine Lizenziatsarbeit, schickte dem Ethikprofessor meinen Entwurf und beschloss, mein Studium so bald wie möglich abzuschliessen. Meine Wut löste die innere Erstarrung auf, ein neues Feuer brannte in mir, ohne dass ich mir dessen bewusst war.

Wie eine Flutwelle brach plötzlich die ganze Wut, Empörung und Enttäuschung über den Suizid meiner Freundin über mich herein. Bei einem Suizid kann, anders als beispielsweise bei einem Unfall, die Schuld der sich suizidierenden Person zugeschoben werden. Der Suizid als höchster Grad der Autoaggression löst auch Fremdaggression aus. Ein Suizid kann so bei den Hinterbliebenen grosse Wut und Enttäuschung auslösen. Das Problem ist nur, dass die Adressatin der Wut fehlt. Die Wut und Enttäuschung läuft ins Leere oder wird auf das Umfeld projiziert, weil die eigentlich verantwortliche Person nicht mehr da ist. Es ist wichtig, sich die eigene Wut zuzugestehen und ein «gesundes» Ventil dafür zu finden. Übermässige Wut kann die Akzeptanzentwicklung verhindern.[35] Kanalisierte Wut dagegen kann positive Wirkung entfalten, indem sie die Ohnmacht der Hinterbliebenen durchbricht. Durch die Wut kann ein Gefühl von Stärke und Kraft zurückkehren und neue Energie beginnt, die innere Erstarrung aufzuweichen. In der Wut meldet sich auch der Lebenswille wieder.[36] So kann die kanalisierte Wut im Trauerprozess durchaus lebensfördernde

35 Vgl. Wagner: Komplizierte Trauer, 20
36 Von Stülpnagel: Warum nur?, 90f

und lebensgestaltende Kraft freisetzen. Die Herausforderung für Trauerbegleitende besteht darin, dabei zu helfen, die Wut nicht zu verdrängen und gemeinsam mit den Hinterbliebenen nach Möglichkeiten zu suchen, wie sie als Energiequelle genutzt werden kann.

Barrieren aus Schuldgefühlen

Zu den ganz typischen Emotionen, mit denen Trauernde nach einem Suizid ringen, gehören Schuldgefühle. Die meisten Hinterbliebenen stellen sich die Frage, was sie falsch gemacht haben und nicht selten sehen sie einen Teil der Verantwortung für den Suizid bei sich. Leider verhindern Schuldgefühle weitere Schritte auf dem Trauerweg.

20 Wer ist schuld am Suizid?

Die Wut meldete sich plötzlich und wie ein Vulkan in meinem Trauerprozess. Anders war das mit den Schuldgefühlen. Die waren seit dem ersten Augenblick, als ich von Angelikas Suizid erfahren hatte, da. Manchmal waren sie nur latent und kaum spürbar anwesend, manchmal aber alles beherrschend.

Monatelang rekapitulierte ich in unzähligen Wiederholungen mein letztes Telefonat, meine letzten SMS und Mails mit Angelika. Warum hatte ich nichts gemerkt? Hätte ich sie noch direkter auf das Thema ansprechen müssen? Es schien ihr doch besser zu gehen?! Warum hatte ich nicht darauf bestanden, dass sie uns auf unserer langen Hochzeitsreise besuchen kommt und ein paar Wochen mitreist? Hätte ich ihre Psychiaterin anrufen und sie auf die ausgestellten Schlaftablettenrezepte ansprechen müssen? Warum hatte ich mich ein halbes Jahr zuvor mit Angelika gestritten? Wäre es anders gekommen, wenn das nicht gewesen wäre? Wir hatten uns doch schon längst versöhnt. Vielleicht tat ihr unsere Freundschaft nicht gut. Ich versuchte, schriftlich in meinem Tagebuch einen Umgang mit der Schuldfrage zu finden:

> Im Angesicht von Angelikas Tod wird mir meine Machtlosigkeit immer wieder bewusst. Obwohl ich in die Beziehung zu Angelika so viel investiert habe und so oft zu Gott um ihr Leben gefleht habe, hat doch alles nichts genützt. Weder Gebet noch Bemühungen noch Liebe noch Ermutigung und Freundschaft konnten in Angelikas Leben etwas verändern und ihren Tod verhindern. [...] Weisst du, Angelika, dass ich deinen Verlust nicht so einfach verkraften kann? Ich frage mich, was hätte dich am Leben erhalten können? Warum hat deine Familie deine Krankheit ignoriert? Warum hast du nicht angerufen, als es dir schlecht ging? Habe ich versagt? Was hätte ich tun sollen, damit du geblieben wärst? Ich hätte es spüren und wissen müssen! Warum habe ich nichts gemerkt? Ihr Tod ist so sinnlos, solch eine Vergeudung von Leben!

Lange lebte ich in der Überzeugung, dass ich etwas hätte merken müssen. Ich hätte spüren müssen, dass sie sich das Leben nehmen will.

Wenn ich die eigenen Schuldzuweisungen nicht mehr aushielt, dann machte ich in inneren Monologen Angelikas Familie und dem weiteren Umfeld Vorwürfe. Warum hatte die Familie nichts gegen das Mobbing unternommen, dem Angelika als Kind ausgesetzt war? – Dann würde sie jetzt sicher noch leben! Wie konnte eine ausgebildete Fachperson, eine Psychiaterin, so gedankenlos Medikamente verschreiben? – Das war doch fahrlässig! Und wo waren die anderen Freunde? – Die hätten es doch merken müssen!

Chaotisch, unkontrolliert und zermürbend drehte sich in meinem Kopf die Schuldspirale: Auch ich hatte versagt …

Nicht nur Wut ist Teil des Trauerprozesses nach einem Suizid. Ganz typisch sind auch Schuldgefühle.[37] Ich habe unzählige Gespräche mit Hinterbliebenen geführt und in den allermeisten Fällen waren Schuld und Versagen darin zentrale Themen, auch wenn der Suizid schon viele Jahre zurücklag. Die Schuldgefühle und Selbstvorwürfe können in diesem komplizierten Trauerprozess überwältigend sein. Häufig werden in endlosen Schlaufen Selbstgespräche geführt, in denen rekapituliert wird, was man anders hätte machen müssen und wie man den Suizid hätte verhindern können. Um sich selbst etwas zu entlasten, werden oftmals auch im Umfeld schuldige Personen gesucht. Lange Zeit waren für mich insbesondere Angelikas Familie und ihre Therapeutin Projektionsflächen. Der Tun-Ergehen-Zusammenhang, den ich so herstellte, konnte mich wenigstens ein bisschen beruhigen, weil meine Wut, Trauer und die Schuldgefühle auf ein bestimmtes Ziel gerichtet waren.

Schuldgefühle haben eine Funktion, sie sind Bindeglieder zu der verstorbenen Person. Sie sind zwar belastend, aber sie halten die Beziehung aufrecht. Zudem schützen sie die Trau-

37 Vgl. u. a. Gill: Suizid. Wie weiter?, 158f; Rauch, Florian / Rinder, Nicole: Damit aus Trauma Trauer wird. Weiterleben nach dem Suizid eines nahestehenden Menschen, Gütersloh, 2016, 100–125; von Stülpnagel: Warum nur?, 73–89; Wagner: Komplizierte Trauer, 47f

ernden vor dem Gefühl der absoluten Ohnmacht. Paradoxerweise bleibt die suizidierte Person näher, wenn die Schuldfrage immer und immer wieder gestellt werden kann. Die Erinnerungen werden wachgehalten, denn Mal für Mal werden die Situationen durchgespielt, in denen man etwas hätte merken oder anders machen können. Gleichzeitig wird durch die Schuldfrage das Gefühl der Verlassenheit und Ohnmacht entschärft. Man ist mitschuldig, das bedeutet, dass man die Fäden in den Händen behält, und dadurch fällt das zerbrochene Weltbild nicht ganz auseinander. Längerfristig verhindern Schuldgefühle das Fortschreiten des Trauerprozesses. Denn eine Auseinandersetzung mit der Ohnmacht und Verlassenheit, die Einsicht, dass sich die verstorbene Person für einen Suizid entschieden hat (soweit beim Affektsuizid von einer Entscheidung gesprochen werden kann), sind wesentliche Teile des Trauerprozesses.

Zu Beginn des Trauerwegs bringt es der hinterbliebenen Person nichts, wenn die Schuldfrage negiert wird und noch weniger, wenn vom Umfeld die Schuld aktiv der betreffenden Person zugeschoben wird. Schuldfragen dürfen, zumindest zu Beginn, auch unkommentiert, aber doch gehört (!) bleiben. Später im Trauerprozess kann es hilfreich sein, wenn man der trauernden Person den Unterschied zwischen Schuldgefühlen und tatsächlicher Schuld aufzeigt und mithilft, diese komplexen Emotionen einzuordnen. Zudem kann die kognitive Einsicht in die Funktion der Schuldgefühle auch helfen, mit diesen umzugehen.[38]

38 Vgl. Paul, Chris: Schuld – Macht – Sinn. Arbeitsbuch für die Begleitung von Schuldfragen im Trauerprozess, Gütersloh, ^{4}2010

Ein Geschenk Gottes auf dem Trauerweg

Auf dem Trauerweg ist nicht alles aus eigener Kraft machbar. Manchmal fallen einem Geschenke zu, die eine neue Wendung in den Prozess bringen.

21 Den Lebensfaden aufnehmen (1) – Tapetenwechsel und Sonnenschein

Im April beschlossen mein Partner und ich, Freunde in Italien zu besuchen. Ein Tapetenwechsel konnte uns nicht schaden. So packten wir unser Auto und fuhren Richtung Süden. Da der Suizid meiner Freundin immer noch mein Leben überschattete, war es nicht so, dass ich mich sehr auf die Reise freute oder mir viel davon erhoffte. Doch ich liebe Italien, das Lebensgefühl, die ungezwungene Atmosphäre, das Essen, den Wein, die Olivenhaine und das Meer. Wir spazierten durch wilde Mohnwiesen, buddelten essbare Wurzeln aus und tranken guten Kaffee. Wie es in Italien so üblich ist, wurden wir Freunden von Freunden vorgestellt und spontan zu einer Tauffeier mit ausgiebigem Mittagessen eingeladen. Dort lernten wir Leute kennen, die aktiv im Tierschutz mitwirkten. Das interessierte mich, denn es war mir nicht bewusst, dass sich hier Menschen für die armen Hunde auf der Strasse einsetzen.

In den folgenden Tagen ging es weiter mit Besuchen und Festen. Unter anderem wurden wir auch zu einem Grillfest draussen auf dem Land mitgenommen. Die Sonne schien warm und mein vom Tod erstarrtes Innenleben konnte ein bisschen etwas vom Leben erahnen. Als wir beim Grillfest ankamen, stellte ich fest, dass es da ausser einem Rohbau, ein paar Olivenbäumen und den feiernden Menschen nichts gab. Ich hielt mich etwas abseits der Gruppe, beobachtete das Geschehen und die Umgebung, da fielen mir plötzlich zwei kleine Welpen auf. Beide schauten sich ängstlich und trotzdem neugierig um, waren abgemagert und hatten scheinbar grossen Hunger. Sofort bediente ich mich am Grillbuffet und fütterte damit die hungrigen Hunde. Obwohl sie verängstigt waren, nahmen sie das Futter dankbar an und liessen sich von mir anfassen. Kaum näherte sich aber eine andere Person, liefen sie davon. Ich fragte alle am Fest, ob sie diesen ausgesetzten Welpen nicht ein Zuhause geben wollten, doch die Leute lachten mich aus. Ich verbrachte einen grossen Teil des Tags mit diesen zwei kleinen Hunden, die mich mit grossen, traurigen Augen ansahen.

Natürlich erinnerte ich mich daran, dass es immer Angelikas Herzenswunsch gewesen war, einen Hund zu haben. Es stimmte mich traurig, dass sie ihr Leben beendet hatte, bevor ihr dies möglich wurde. In diese Gedanken vertieft, am Rande des Fests, erschienen mir diese zwei mageren, ängstlichen Welpen wie ein Wink von Angelika, ein Geschenk Gottes, ein dünner Lebensfaden, der sich mir hier anbot.

Dreiviertel Jahre nach Angelikas Suizid, in denen ich mich vorwiegend abgekapselt hatte, kam mir in Italien das Leben entgegen. Obwohl die Energie und Lust auf einen Tapeten-

wechsel in der Trauersituation häufig nicht vorhanden ist, kann er guttun. Bei komplizierten Trauersituationen, wie sie sich im Falle eines Suizids darstellen, geht es darum, sukzessive wieder mit etwas Lebendigem in Kontakt zu kommen. Langsam zu spüren, zu erleben und zu schmecken, dass es mehr als nur den Tod, Verlust und die Endgültigkeit gibt. In der Vorstellung der trauernden Person scheint dies kaum möglich zu sein. Deshalb ist es so wichtig, von anderen Menschen mit ins Leben genommen zu werden. Manchmal gelingt es der trauernden Person, auf die Handreichung des Lebens zu reagieren, den Lebensfaden zu erahnen und ihn aufzunehmen: aktivierte Resilienz als Antwort auf die Geschenke Gottes und des Lebens.

Zurück ins Leben

Langsam und oft zuerst gar unbemerkt geht es Schritt für Schritt zurück ins Leben. Häufig merkt man erst in der Rückschau, dass man an einem anderen Ort steht als zuvor, dass Dinge sich verändert haben.

22 Den Lebensfaden aufnehmen (2) – Lebensfaden auf acht Beinen

Ein dünner, unvernünftiger, emotionaler Lebensfaden bot sich mir hier, mitten im Nirgendwo an einem Grillfest in Süditalien. Während die anderen feierten, lieferten sich mein Verstand und meine Intuition, meine Vernunft und meine Hoffnung auf Veränderung einen inneren Kampf.

Doch Vernunft war bei mir nicht immer besonders stark ausgeprägt. Und so stand mein Entschluss rasch fest: diese zwei Welpen würde ich nicht auf der Strasse sterben lassen. Diesen Lebensfaden galt es für mich und für die beiden Hunde zu ergreifen! Es war nicht ganz einfach, meine Freunde davon zu überzeugen, diese schmutzigen, abgemagerten Strassenhunde in ihr Auto zu verladen. Noch viel schwieriger war es, meinen Partner von der Sache zu überzeugen. Aber sowohl er als auch meine Freunde mussten letztlich, angesichts meiner Hartnäckigkeit, resignieren.

Nun war es von grossem Vorteil, dass ich einige Tage zuvor Tierschützer kennengelernt hatte, die mir sowohl bei der Reinigung und medizinischen Versorgung der Hunde als auch bei allen tierärztlichen Formalien halfen. Als wir schliesslich zurück in die Schweiz fuhren, waren wir nicht mehr zu zweit, sondern zu viert: Simson und Levi zogen bei uns ein. Trotz Widerständen und Hindernissen spürte ich, dass dieser Entscheid richtig war. Intuitiv wusste ich wohl um den verborgenen Lebensfaden, der sich mir hier anbot, und der mich Stück für Stück aus der Isolation der Trauer herausholen würde.

Zurück in der Schweiz war alles wie bisher und doch nichts mehr, wie es war. Im gewohnten Umfeld drohte ich wieder in der Trauer und Verzweiflung zu versinken. Doch zwei Dinge hatten sich verändert: zum einen hatte ich in Italien Leben jenseits des Tods und der Trauer erlebt und noch viel wesentlicher: da waren zwei sechs Monate alte, hyperaktive Welpen bei mir eingezogen. Ein Verkriechen in den eigenen vier Wänden war so nicht mehr möglich. Egal, wie es mir ging, egal, wie das Wetter gerade war, diese zwei jungen Rüden waren nicht müde zu bekommen und so war ich 3–5 Stunden täglich mit ihnen draussen und traf dabei auch neue Menschen.

Wenn ich meinen zwei jungen Hunden beim Spielen und Laufen zuschaute, dachte ich häufig an Angelika. Was hätte sie wohl gesagt? Wie wären wohl die gemeinsamen Spaziergänge gewesen. Ich war mir sicher, dass sie sich sehr an den beiden gefreut hätte.

Mit Simson und Levi begann ich, tagtäglich durch die Trauer hindurch zu spazieren: manchmal war ich dabei in innere Zwiegespräche mit meiner verstorbenen Freundin vertieft, manchmal äusserte ich anklagende Vorwürfe gegenüber Gott und manchmal atmete ich einfach nur lächelnd die frische Regenluft ein.

Diese Phase meiner Trauerverarbeitung ist sehr spezifisch und sicherlich nicht übertragbar. In meinem Fall veränderte sich durch die Hunde die Tagesstruktur. Nicht das Kreisen um Angelika und den Tod standen mehr alleine im Zentrum, sondern die jungen Hunde. Das Leben kehrte ganz praktisch auf acht Beinen zurück. Da, wo Angelika eine grosse Lücke hinterlassen hatte, sprangen zwei Hunde ein. Sie konnten Angelika nicht ersetzen, sie waren ihr in keiner Weise gleich. Dennoch vermochten sie, die Leere mit Leben zu füllen. Durch die Hunde lernte ich zudem neue Menschen kennen und so bildeten sich auf Spaziergängen neue Freundschaften. Zu diesen Faktoren kam noch ein weiterer entscheidender hinzu: Bewegung in der Natur an der frischen Luft.

Manchmal sind es ungeplante Ereignisse und intuitive Entscheidungen, die das Leben auf den Kopf stellen, und gerade dadurch die Trauerspirale aufzubrechen vermögen. Mitten in den Tiefen der Trauer zeigen sich ab und an Lebensfäden, die ergriffen werden können und entscheidende Veränderungen bringen. Schlussendlich mögen diese Dinge vielleicht banal klingen, aber Veränderung der gewohnten Strukturen, neue Bezugspersonen oder Tiere und Bewegung können auch in komplizierten Trauerprozessen neue Perspektiven auf das Leben eröffnen.

Hilfe auf dem Trauerweg

Zurück ins Leben zu finden, bedeutet auch, wieder mit den Herausforderungen des Alltags konfrontiert zu sein. Damit dieser gemeistert werden kann, brauchen Trauernde Hilfssysteme und Hilfsmittel.

#23 Hilfsmittel im Umgang mit der emotionalen Belastung im Alltag

Durch die Energie der Wut und die Lebendigkeit der zwei jungen Strassenhunde fühlte ich mich nach und nach in der Lage, mein Studium wieder aufzunehmen und abzuschliessen. Ich kam zu folgender Einsicht, die ich fett in meinem Tagebuch festhielt:

> Mein Leben muss irgendwie weitergehen und deines hat einfach gestoppt – du hast es selbst beendet. Es macht mir Angst, nun etwas zu gestalten, das nicht so geplant war, das anders aussieht als erhofft …

Durch zwei Studienkollegen war ich ziemlich auf dem aktuellen Stand, was das Studium betraf. Wir lernten zu Hause zu zweit und zu dritt, manchmal mehrmals wöchentlich, unabhängig der eigenen Verfassung für die Lizenziatsprüfung. An die Theologische Fakultät ging ich eher selten, es gab immer noch Räume, die ich mied, da der Aufenthalt darin zu erinnerungs- und emotionsintensiv war. Ich hatte zum Glück vor Angelikas Tod schon alle Seminare absolviert. So war es mir möglich, innerhalb von neun Monaten die letzte noch ausstehende Arbeit und die Lizenziatsarbeit zu schreiben und alle Prüfungen für das Lizenziat zu absolvieren und somit das Studium abzuschliessen. Diese Monate bestanden hauptsächlich aus Hundespaziergängen, lernen und arbeiten. Die vielen Tätigkeiten und ausgefüllten Tage halfen mir, Angelika hie und da für kurze Zeit zu vergessen.

Genau ein Jahr nach Angelikas Suizid schien nun mein Leben, von aussen her betrachtet, wieder in normalen Bahnen zu verlaufen. Was von aussen «normal» aussah, war aber nur mit grossem inneren Kraftaufwand zu leisten. Täglich kämpfte ich damit, dass mich die Verzweiflung nicht überrollte und ich völlig blockiert dasass. Denn ständig wurden Erinnerungen an Angelika wach. Unsere Freundschaft und das Theologiestudium waren so ineinander verwoben, dass Lerninhalt und Erinnerung häufig zusammenfiel ... Und wir hatten noch viele gemeinsame Lern-, Kaffee- und Zukunftspläne gehabt. Nun war ich mit diesen Plänen alleine und trank die zwölf Kaffees pro Tag einsam vor mich hin. An Angelikas Todestag selbst musste ich fort, zu Hause hätte ich es nicht ausgehalten. Ich nahm meine Hunde und ging wandern, immer weiter und weiter, so, dass ich dann zu Hause vor lauter Müdigkeit einfach nur noch einschlief.

Mein langjähriger persönlicher Coach war mir eine grosse Hilfe. Denn mit ihm zusammen konnte ich ein inneres Schubladensystem kreieren, das sich als sehr nützlich erwies. Ich räumte der Verzweiflung und Trauer Zeiten ein, dann wurden sie in eine innere Schublade gelegt und ich versuchte, mich wieder dem Alltag und dem Lernen zuzuwenden. Es brauchte etwas Übung, bis das funktionierte. Das Schubladensystem half nicht immer, doch es gelang mir vermehrt, nicht mehr in den endlosen Trauer- und Emotionsspiralen zu versinken.

Den eigenen Lebensfaden nach einem Suizid wieder aufzunehmen, ist ein langer und schmerzhafter Prozess. Häufig bedarf es täglich einer bewussten Entscheidung, diesen aktiv ergreifen zu wollen. Um den Alltag zu bewältigen, gibt es verschiedene Hilfssysteme und Hilfsmittel. Kleine emotionale Ordnungssysteme wie das erwähnte Schubladensystem. Was nur am Rande erwähnt wurde und doch zentral in meinem Trauerprozess war, ist die kleine Lerngruppe mit den beiden Studienkollegen. Sie war ein stabiles Hilfssystem, in dem es zum einen nicht nötig war, Masken zu tragen, und zum anderen waren die Themen durch das gemeinsame Ziel vorgegeben und wir arbeiteten alle am Gleichen. Kaum etwas vermittelte so viel Normalität und Stabilität wie diese Lerngruppe. Solche «normalen» Orte und Menschen sind im Trauerprozess unglaublich wertvoll. Denn nicht die eigene emotionale Lage steht im Vordergrund, sondern das gemeinsame Ziel. Stabile, «normale» Orte sind für trauernde Menschen Gold wert. Orte, wo andere Menschen nicht Angst haben vor der Emotionalität der Hinterbliebenen, wo aber andere Themen und Aktivitäten im Zentrum stehen, wo das Leben gelebt und zum Beispiel auf ein gemeinsames Ziel hingearbeitet oder trainiert wird.

Wer Trauernde auf diesem Wegstück begleitet, muss wissen, wie gefühlsintensiv diese Phase ist. Denn nun bewegt sich die hinterbliebene Person wieder in der Öffentlichkeit, es werden Räume betreten, Aktivitäten durchgeführt, Orte besucht, die unkontrolliert Erinnerungen wachrufen können. Zum ersten Mal wird das Leben wieder gelebt und das Fehlen der Verstorbenen wird im Alltäglichen offensichtlich.

Dekonstruktion und Rekonstruktion

Durch tiefgreifende Lebensereignisse, wie den Verlust einer geliebten Person durch Suizid, wird das persönliche (religiöse) Sinnsystem infrage gestellt. Glaubens- und Lebensüberzeugungen erweisen sich möglicherweise als nicht mehr tragfähig, sodass sie grundsätzlich überprüft und angepasst werden müssen.

24 Was kann ich noch glauben?

Durch Angelikas Suizid wurde nach und nach nicht nur mein Leben, Studium, Alltag und meine Zukunft infrage gestellt, sondern auch meine persönlichen Glaubensüberzeugungen. In meinem Tagebuch fand ich folgende Stelle aus dieser Zeit:

> Ich weiss nicht mehr, an was ich glaube: Wer ist Gott? Was ist Kirche? Was trägt? Vieles in meinem Leben scheint nicht mehr zu existieren. Dinge, die so unverrückbar schienen, haben sich in nichts aufgelöst.

Viele Jahre hatte ich in einer reformierten Kirche mitgearbeitet, freiwillig und später als angestellte Jugendarbeiterin, ich war auf dem Weg ins Pfarramt, am Ende des Theologiestudiums, aber meine ganzen Glaubensüberzeugungen, mein Sinnsystem, schien zusammengebrochen zu sein. Wie bei einer Zwiebel begann sich Schicht um Schicht abzuschälen, manchmal bewusst, häufig unbewusst. Dieser Vorgang dauerte Monate und viele meiner Fragen und das Suchen beschäftigten mich gar über Jahre hinweg.

Mein bisheriges Bild von Kirche hatte sich durch meine Enttäuschung schon aufgelöst. Ich verlor (zum Glück) den Glauben daran, dass es perfekte Gemeinschaft und heile Orte auf dieser Welt gibt. Doch es ging weiter: Traditionelle Gottesdienste waren mir immer zu eng und zu staubig gewesen, daran hatte sich nicht viel verändert. Doch bei den modernen Gottesdienstformen waren es vor allem die Lieder und die Fröhlichkeit, die ich nicht mehr ertragen konnte und die mir fremd wurden. Alles schien mir zu oberflächlich und zu lebensfern. Da hiess es beispielsweise in einem Lied: «I will worship you in my darkest hour, I will worship you when I am out of power ...» Wie soll das gehen? Ich war nicht Paulus, der im Gefängnis noch Lieder sang und predigte. Ich wusste, dass ich in den dunkeln Stunden Gott keine Loblieder sang, da blieben höchstens noch Klage, Vorwürfe und oftmals auch Sprachlosigkeit.

Auch mein Gottesbild wurde dekonstruiert oder vielleicht treffender: erweitert. Es wurde facettenreicher und unschärfer. Ich wendete mich nicht vom christlichen Glauben ab, aber von den vielen übernommenen Gottesbildern und Praktiken. Gott musste mehr sein als «mein Freund» und ganz bestimmt nicht nur männlich. Wie feiert man Gottesdienste, wenn man diese nicht erträgt? Wie betet man, wenn man sprachlos ist? Diese und viele weitere Fragen tauchten nach und nach auf und wechselten sich ab. Gottlos werden wollte ich nicht. Doch neue oder andere Formen musste ich für mich in dieser Trauerphase finden. So entdeckte ich zum Beispiel die Tagzeitengebete der Benediktiner. Was mich tief berührte, war die lateinisch gesungene Vesper im Kloster Einsiedeln.

Meine Gebete schienen mir belanglos und noch häufiger war ich wortlos. So zwang ich mich nicht zu inhaltsleeren Gebeten, sondern rang Wort um Wort mit der Sprachlosigkeit, bis sich mir das Gebet als Text in meinem Tagebuch darbot:

> Zum Himmel schau ich müd und leer,
> Bin Körper, Hülle, Staub, Gebein
> Doch schafft in mir, was ich nicht schaff?
> Bewegt sich das, was tot erscheint?
> Nur durch Gott, durch ihre Kraft
> Stillt sie den Ort, der Hoffnung schafft
> Nach oben hebe ich den Blick
> zum Licht, das Licht im Inneren ist.

Ich lernte, dass Glaube häufig Suchen, Fragen, Nichtwissen und Ringen ist. Hoffen auf etwas, das man nicht wissen und doch irgendwie erahnen kann. Suchen nach etwas, das im Inneren Hoffnung schafft und ganz persönlich berührt. Das man nicht festhalten kann und dennoch in der Bibel und in der Geschichte der Kirche, in Bildern und Texten umschrieben wird. Nach einem misslungenen Versuch, Worte für ein Gebet zu finden, schrieb ich in mein Tagebuch:

> In mir gibt es auch viel Hoffnung. Ich glaube, dass ich Angelika wiedersehen werde, doch zuerst einmal muss ich leben, darf ich leben und ich darf hoffen und ich darf darauf vertrauen, dass mein Leben einen positiven Einfluss in dieser Welt haben wird.

Was sich hier als kurzer Text darstellt, ist in Realität ein jahrelanger facettenreicher Weg: Zweifeln – wieder glauben lernen – hinterfragen – Vertrauen wagen ... Dieser Weg setzt sich weiterhin fort, denn mein persönliches Glaubenssystem wurde durch die Trauererfahrung infrage gestellt und über die Jahre hinweg *reframed*: vom vermeintlichen Besitz des richtigen Glaubens zu einem fragenden Hoffen.

Die Dekonstruktion von Glaubensüberzeugungen kann für religiöse Menschen ein schmerzhafter Prozess in der Verarbeitung eines Suizids sein. Häufig bleibt nach einem Suizid nicht mehr viel an Gewissheit – aber es kristallisiert sich dadurch auch der Kern, der trägt, heraus. Alles, was oberflächlich und aufgesetzt ist, wird weggespült. In diesem Prozess muss auch die Theodizeefrage gestellt werden dürfen. Vorwürfe und Anklage gegenüber Gott sind schon in den biblischen Texten verbreitet, umso mehr dürfen sie auch heute noch geäussert werden. In Texten wie Jeremia 12,1–6, Psalmen 49 und 73 wird beispielsweise gegen Gott aufbegehrt, weil es den Bösen gut und den Gerechten schlecht geht. Die eindringlichsten Anklagen, Zweifel und Vorwürfe gegen Gott sind im Hiobbuch zu finden. Eine Antwort auf die Frage nach dem Warum des Leidens gibt es zwar auch da nicht, dennoch erkennt Hiob Gott erst, nachdem er zweifeln und klagen konnte: «Vom Hörensagen hatte ich von dir gehört, jetzt aber hat mein Auge dich gesehen» (Hiob 42,5). In der religiösen Dekonstruktion liegt die Chance, neue und eigene Formen des Glaubens kennenzulernen und dafür eine Sprache zu finden. Offenheit und Dialogbereitschaft, gerade auch in Bezug auf religiöse Umbrüche, sind für trauernde Menschen hilfreich. Dann, wenn gemeinsam gezweifelt, gesucht, gefragt und diskutiert werden darf und die Hinterbliebenen nicht von religiösen Erwartungen überrollt werden. Starre religiöse Überzeugungen behindern den Verarbeitungsprozess, wenn zum Beispiel Pfarrpersonen oder Seelsorgende vorgeben, was theologisch richtig und falsch ist, welche Gottesbilder legitim sind und sie für Wut und Zweifel keinen Platz lassen.

Pfarrpersonen und Seelsorgende, die darum wissen, dass Glaube nie absolute Sicherheiten bietet, sondern lediglich fragende Existenz zwischen Anfechtung und Gewissheit ist,[39] können gerade in dieser Phase sehr hilfreich sein. Wo urteilsfrei über Glaubenszweifel oder Suchprozesse gesprochen werden kann, werden nächste Verarbeitungsschritte gefördert. Denn persönlicher Glaube und ein religiöses Sinnsystem können im Trauerprozess eine grosse Ressource sein.

39 Vgl. Luther, Henning: Religion und Alltag. Bausteine zu einer Praktischen Theologie des Subjekts, Stuttgart, 1992, 23

Akzeptieren und integrieren

Es sind viele kleine Schritte nötig, bis es möglich ist, nach einem Suizid wieder Zukunftswünsche zu entwickeln. Es braucht Zeit und Unterstützung, damit Trauernde aus den Bruchstücken neue Wege bauen können.

25 Den Pinsel in den Händen halten

Das Leben ging weiter, das Studium schloss ich ab und zwei Jahre nach Angelikas Suizid begann ich das Vikariat, die Ausbildung zur Pfarrerin. Das Vikariatsjahr war das letzte Jahr, das wir noch detailliert zusammen geplant hatten. Für die Zeit danach hatten wir viele Wünsche, Träume und Zukunftsvorstellungen gehabt. Dinge, die wir erhofft hatten, tun zu können, wie beispielsweise später einmal eine Pfarrstelle zu teilen. Aber dieses Vikariatsjahr, das wäre etwas Gemeinsames gewesen! Dies wurde mir nun in vielen Situationen bewusst: In den Kurswochen gab es Zweierzimmer, wir hatten abgemacht, dieses das Jahr über zu teilen. Zudem hatte ich einen weiten Arbeitsweg in Kauf genommen, dafür war ich in der Nähe von dem Ort, wo Angelika das Vikariat hatte machen wollen. Wir hatten geplant, die Mittagspausen zusammen zu verbringen und die Predigtvorbereitungen in ihrer Wohnung zu machen. Von vielem Gemeinsamem musste ich mich in diesem Jahr verabschieden und Dinge anders gestalten, als wir es eigentlich geplant hatten.

Es fühlte sich an, als würde ich vor einer Leinwand stehen. In feinen Linien war das Bild, das entstehen sollte, schon skizziert. Doch nun musste ich einen Pinsel nehmen, die Skizzen weitgehend ignorieren und mit anderen Farben und Formen ein neues, mein eigenes Bild malen. Zum Glück gab es Menschen, die mir neue «Maltechniken» zeigten und den Zugang zu anderen Lebensentwürfen eröffneten. Das neue Bild wurde zu Beginn mit Tränen, manchmal mit Verzweiflung und Widerwillen, immer wieder mit Wut gemalt. Ich musste loslassen, was ich gar nicht loslassen wollte. Die Vikariatszeit fand ich schwierig, die Kurse manchmal kaum aushaltbar, immer wieder schweiften meine Gedanken zu Angelika, die doch auch da sein sollte. Gleichzeitig lernte ich zu akzeptieren, dass es nun eben anders ist als geplant.

Nach dem Vikariatsjahr nahm das Leben wieder richtig Fahrt auf. Ich fand eine Anstellung als Pfarrerin, wechselte mit meinem Partner mehrfach den Wohnsitz, lernte neue Menschen kennen, begann zu promovieren, durchstreifte Wälder und Felder mit den Hunden, plante und veranstaltete Studienreisen, begann zu gärtnern, verbrachte Zeit im Kloster usw.

Es gab Momente, da war Angelikas Fehlen immer noch kaum auszuhalten. Doch über die Jahre hinweg entstand ein neues, ein anderes Lebensbild – mein Bild. Einmal, als ich wieder nicht wusste, wie denn die Linien verlaufen sollten, schrieb ich in mein Tagebuch:

> Ich stehe hier, weiss eigentlich nicht mehr, was der Mensch ist. Ich habe das Gefühl, dass einiges, das ich meinte zu wissen, weg ist, nicht mehr so ist. Ich fühle mich innerlich auf eine

positive Art leer. Ich bin auf einer inneren Suche durch neues, unbekanntes Gelände. Überall entdecke ich neue Ideen, spüre, wie sie wachsen oder sich in Luft auflösen. Ich befinde mich auf einem Lebens-Spaziergang, entdecke neue Pflanzen und Tiere, eine völlig neue Umgebung. Das Licht scheint anders auf meinen Weg, gedämpft und heller auf das weglose Gelände. Ich rieche die frische belebende Luft, kenne aber meinen Weg nicht. Nein, es macht mir keine Angst, so weglos zu sein. Ich fühle, wie die Neugier mich belebt, mir Freude am Leben gibt. Das Warten und Suchen stört mich nicht. Ich muss nicht mehr den alten, schon so oft von mir begangenen Weg nehmen, denjenigen, den ich auswendig kenne. Ich darf aufatmen, neu entdecken, Altes loslassen und suchend sein.

Ähnlich wie nach einem plötzlichen Todesfall, bleiben auch bei einem Suizid viele Dinge offen. Die Hinterbliebenen stehen da und schauen auf die gemeinsamen Pläne und Wünsche, die nur noch einem Scherbenhaufen gleichen. «Die nicht vorhersehbare und planbare Endlichkeit des Lebens, die jeder Tod markiert, lässt Leben immer zum Bruchstück werden.»[40] Es ist eine Herausforderung, wieder aktiv zu werden und aus den Bruchstücken etwas Neues und Anderes entstehen zu lassen. Oft steht die Furcht im Weg, dass die Suizidentin oder der Suizident dadurch vergessen werden könnte. Doch auf diesem Wegabschnitt geht es nicht darum, die verstorbene Person zu vergessen oder die Erinnerungen zu verdrängen, sondern den Tod zu akzeptieren und trotzdem weiterzuleben. Das eigene Leben kann und muss irgendwie weitergehen, auch

40 A. a. O., 168

wenn Trauernde um die weitere Gestaltung ringen müssen. Die Zukunft gleicht einer Baustelle, die Vergangenheit einer Ruine.[41] Beim Wiederaufbau des Lebens geht es nun darum, die Erinnerungen und Gefühle in das Lebenskonstrukt zu integrieren. Wie bei mir kann sich in dieser Phase auch plötzlich eine gewisse Neugier einstellen und das Loslassen von Altem kann auch etwas Befreiendes sein. Begleitpersonen können in dieser Zeit Resonanzraum für die hinterbliebene Person sein, indem sie diese darin unterstützen, den eigenen Weg vom ganzen Schutt freizulegen und gemeinsam mit der trauernden Person ihren Zukunftswünschen, Ideen und Sehnsüchten nachspüren.

41 Vgl. a. a. O., 168f

Heilige Gegenstände und heilige Momente

Suizidhinterbliebene erleben auch nach vielen Jahren immer wieder Momente, in denen die Wehmut sie überfällt, sie innehalten und sich an die verstorbene Person erinnern. Auch wenn der Alltag sich normalisiert, bleibt doch alles anders.

26 Bleibt alles anders

Auch als die Jahre verstrichen, blieb Angelika in meinen Erinnerungen gegenwärtig. Es gab immer wieder Momente, in denen sie unendlich fehlte oder plötzlich ganz nah war. Im ganz normalen Alltag gab und gibt es so viele Dinge, die mich an sie erinnern. In den drei folgenden, unverbundenen Abschnitten beschreibe ich ein paar davon.

Ich war im Konfirmandenlager, die Jugendlichen hatten etwas Freizeit und ich wollte mir gerade einen Kaffee holen. Da kamen drei meiner jungen Leiter auf mich zu und wollten mich überzeugen, mit ihnen Tischfussball zu spielen. Wie ein Blitz traf mich dieser Gedanke. Ich hatte seit Angelikas Tod, seit fast fünf Jahren, nie mehr gespielt. Ohne sie Tischfussball zu spielen, schien mir wie ein Verrat. Zudem hatte sie uns ja einen Gutschein für einen Töggelikasten zur Hochzeit geschenkt – den sie nicht mehr einlösen konnte. Zögernd willigte ich dennoch ein, die Überzeugungsversuche der Jugendlichen waren hartnäckig. Es machte Spass, wieder zu spielen. Kaum zu Hause angekommen, erzählte ich meinem Partner begeistert vom Töggelikasten und von meiner Idee, nun einen eigenen zu kaufen. Schon am nächsten Tag zogen wir los und fanden in der Nähe ein Geschäft, das solche Spielgeräte verkauft. Nur 24 Stunden nach meiner Rückkehr aus dem Konfirmandenlager stand ein Töggelikasten bei uns zu Hause. Auch heute noch hat er einen prominenten Platz im Wohnzimmer und erfreut nicht nur uns, sondern auch unsere Gäste.

Zwei Jahre nach Angelikas Tod entdeckte ich bei einer Freundin in der Wohnung eine Pflanze. Innerlich erstarrte ich und hatte Angelika vor Augen. Die Erinnerungen waren ganz lebendig, ganz nah. Ich erkannte die Pflanze, die ich seit Jahren suchte, aber nicht wusste, wie sie heisst, sofort wieder. So eine Pflanze stand damals in Angelikas Wohnung. Wir waren beide von ihr fasziniert, kannten aber den botanischen Namen nicht. So nannte Angelika sie kurzerhand Gürk, denn ihr Stamm glich einer Gurke. Angelika hatte mir einen Ableger von Gürk versprochen, da ich davon begeistert war. Auch dazu kam es aber nicht mehr. Nun entdeckte ich also diese Pflanze völlig unerwartet im Wohnzimmer einer Freundin, die mir auch den Namen sagen konnte. Zu Hause angekommen, durchstreifte ich das Internet, bis ich schliesslich in Deutschland auf solche Pflänzchen und Samen stiess und mir schicken liess. Noch immer gibt es in meiner Wohnung viele Gürks (Spuckpalmen), welche die Erinnerung an Angelika wachhalten und mich zum Schmunzeln bringen.

In einem Küchenschrank, ganz zuhinterst und etwas versteckt, stehen zwei identische orange-gelb-rote Tassen. Mein Partner hat einmal in diesen Tassen Tee serviert. Ich machte ihm wütend klar, dass die nicht verwendet werden dürfen, weil

Angelika und ich während unserer WG-Zeit daraus immer gemeinsam Kaffee getrunken und Milchschaum gelöffelt hatten. Die Tassen kommen bei jedem Umzug mit, werden aber bis heute nicht mehr benützt. Dafür erinnere ich mich bei ihrem Anblick schmunzelnd daran, wie sich Angelika im Restaurant jeweils eine Tasse Milchschaum bestellt hat. Und so ist auch der Milchschaum, der nie auf meinem Kaffee fehlen darf, eine Erinnerung an sie.

Auch heute, über ein Jahrzehnt später, halte ich manchmal inne und überlege mir, was sie wohl sagen würde? Was würde sie machen? Wie wäre ihr Leben? Es bleibt offen ... Und es bleibt alles anders.

Für Angehörige und Freunde ist es nicht einfach, die unerwarteten Reaktionen der Trauernden in gewissen Situationen zu verstehen. Mein Partner hatte keine Ahnung, warum ich ausrastete, als er sieben Jahre nach Angelikas Suizid eine Tasse aus dem Schrank nahm. Trauerreaktionen sind weder rational noch an einen zeitlichen Rahmen gebunden. Unerwartet und plötzlich wird man mitten im Leben mit Erinnerungen an die Verstorbene konfrontiert und von diesen überwältigt. Die Herausforderung für Hinterbliebene nach einem Suizid besteht darin, bei Erinnerungen nicht zu erstarren, sie stattdessen ins Leben zu integrieren. Es lohnt sich, Impulsen nachzugehen, die für die Verarbeitung hilfreich sein können, auch wenn sie von aussen betrachtet eigenartig wirken. Für Hinterbliebene können Gegenstände heilig sein und zu heilsamen Momenten führen, indem Erinnerungen positiv wachgehalten werden und daraus etwas Neues entstehen kann. Wie beispielsweise die Spuckpalmen, die in unserer

Wohnung wachsen und gedeihen. Oder der Töggelikasten, bei dem mein Partner sofort alle Hebel in Bewegung gesetzt hat, um für uns einen aufzutreiben. Manchmal können also auch Gegenstände oder Taten von nahestehenden Menschen zu heiligen Momenten führen. Momente, in denen die Seele der Trauernden etwas heiler wird.

Rituale und Versöhnung

Trauern und sich mit der Situation versöhnen braucht seine eigene Zeit. Rituale helfen dabei, diese Übergänge zu markieren und physisch und psychisch zu erfassen.

27 Zeitreise und Versöhnung

Fast zehn Jahre nach Angelikas Suizid arbeitete ich vier Monate in Kalifornien. Als mich mein Partner besuchte, mieteten wir für einige Tage ein Auto. Schnell war klar, was die Zieldestination unserer Reise sein sollte. So fuhren wir los, immer Richtung Nordosten. Wir übernachteten in Las Vegas und kamen am nächsten Abend im Bryce Canyon an. Es war schon dunkel und wir waren unterwegs durch einen Schneesturm gefahren. So bezogen wir unser Hotelzimmer. Warum ich unbedingt dahin zurück wollte, wusste ich eigentlich selbst nicht genau. Doch in diesen letzten zehn Jahren hatte ich immer wieder, wie in einem Film, die gleichen Szenen vor Augen:

Der Bryce Canyon mit seiner bezaubernden, bizarren Schönheit ... der phantastische Aussichtspunkt, der mich ins Staunen versetzte ... der verpasste Anruf mit Angelikas Nummer auf meinem Handy ... mein Unbehagen und der sofortige Rückruf ... niemand geht ran ... zurück im billigen, dunkeln Motel ein weiterer Versuch, Angelika anzurufen ... endlich hebt jemand ab. – Angelikas Vater sagt mir, dass sie tot ist.

Mein inneres Erstarren über Angelikas Suizid, der komplexe Trauerweg, alles begann am Bryce Canyon. Die Bilder dieses Parks hatten sich mit meinen Emotionen verbunden und wie ein Brandmal in meinen Erinnerungen festgesetzt.

Am nächsten Morgen, in die wärmsten Kleider gehüllt, die wir von Südkalifornien mitgebracht hatten, machten mein Partner und ich uns auf den Weg in den Park. Wir begannen den Bryce Canyon von seinem Ende her zu erkunden und machten bei eisiger Kälte eine Wanderung durch die mit Schnee verzuckerte, bizarre Mondlandschaft. Danach arbeiteten wir uns nach und nach zum Eingang des Parks zurück, bis wir schliesslich genau an dem von mir innerlich gefürchteten Aussichtspunkt standen.

Es war später Nachmittag, eine ähnliche Tageszeit wie vor zehn Jahren, nur eben Winter und die Wolken lagen über dem Bryce Canyon. Der Ausblick war atemberaubend: weisser Schnee auf den roten Felsformationen. So hatte ich diesen Ort noch nie gesehen ...

Nach zehn Jahren an diesem Punkt angekommen, brauchte ich etwas Zeit für mich. Ich stand da, Tränen liefen mir über die Wangen. Nochmals liess ich den inneren Film der letzten zehn Jahre des Trauerprozesses Revue passieren: den Schock und die Erstarrung, später die Verzweiflung und Lebensmüdigkeit, ich spürte die Trauer und Wut, doch am meisten wurde mir Angelikas Fehlen bewusst. Es hätte so vieles gegeben, das ihr Freude bereitet hätte, für das es sich gelohnt hätte zu leben. Ich stand da, dachte nach und führte ein letztes inneres Zwiegespräch mit meiner verstorbenen Freundin. Ich spürte, dass es nun an der Zeit war, loszulassen und sie ganz gehen zu lassen. In die-

ONE WA

sem Moment rissen die Wolken auf und Sonnenstrahlen trafen die Felsen, mein Gesicht und meine Gedanken. Ein Vogel flog vorbei Richtung Sonne. Ich öffnete meine Hände und breitete die Arme aus, als liesse ich diesen Vogel losfliegen. Ich betete, verabschiedete mich von meiner geliebten Freundin und vertraute sie Gott an. Traurig, befreit und etwas durch den Wind ging ich zu meinem Partner zurück und umarmte ihn. Gemeinsam verweilten wir noch beim Aussichtspunkt und bestaunten die Natur.

Nicht jede Person muss dahin, wo das «Totsächliche» sie traf, wo der Trauerweg unfreiwillig begann, zurückkehren. Für mich war es aber wichtig, nochmals am Ausgangspunkt stehen zu können und nun einen neuen inneren Film zu gestalten. Einen mit aufgerissenen Wolken und einem frei fliegenden Vogel über einem verzuckerten Canyon. Das Reframing war notwendig, um die innere Erstarrung von damals ganz zu durchbrechen und neue Bilder und neue Erinnerungen zu erschaffen, um an Angelika zurückzudenken. Aber noch wesentlicher: es war notwendig, dahin zurückzukehren, um nach all den Jahren wirklich «à dieu» zu sagen und Angelika Gott ganz anzuvertrauen.

Trauerwege sind individuelle und lange Wege. Ich hatte keinen Abschied und kein Ritual geplant, aber spontan aus der Situation heraus ergab es sich. Rituale und Abschiede, die Körper, Seele und Geist integrieren, können eine nachhaltige Wirkung entfalten. Sie können Emotionen und Denken verändern, wirken als Katalysatoren. Rituale sind «Strukturhilfen des Glaubens. Sie helfen den Individuen, die teils hoffnungsvollen, teils schwierigen, teils auch krisenhaften Statusübergänge des Lebens zu bewältigen.»[42] Dies, indem sie heilige Momente kreieren, in denen Wirkungsmacht entfaltet, (innere) Konflikte gelöst und Identität gestiftet werden. Zudem entstehen im Ritual neue und andere Erinnerungen und Narrative.[43] Welche Rituale sich zu welcher Zeit als weiterführend erweisen, hängt vor allem von der hinterbliebenen Person ab. Hilfreiche Rituale gibt es unzählige im Fundus der Religionen und in der Trauerliteratur. Manchmal ist es aber notwendig, selbst ein Ritual zu erfinden, das in die spezifische Situation passt und diese transzendiert. Manchmal sind trauernde Menschen erst viele Jahre später dazu imstande, wirklich loszulassen und sich mit dem Leben zu versöhnen. Dies rituell festzuhalten, bedeutet einen Anker zu setzen, der auch in den Stürmen des Alltags Bestand hat.

42 Ziemer, Jürgen: Seelsorgelehre. Eine Einführung für Studium und Praxis, Göttingen, ^{2}2004, 252

43 Vgl. Understanding Religious Ritual: Theoretical approaches and innovations, Hg. v. John P. Hoffmann, 2014, 3

Die Sprache wiederfinden

Die Sprachfähigkeit angesichts eines Suizids wieder zu erlangen, bedeutet, Schritte auf dem Heilungsweg zu gehen und andere Menschen daran teilhaben zu lassen.

28 Erzählend weiter

Es hat mehr als ein Jahrzehnt gebraucht, um diesen Trauerweg so in Worte zu fassen, wie er hier festgehalten ist. Ich habe viel erzählt, in mein Herz und meine Gedanken blicken lassen, Verarbeitungs- und Trauerprozesse beschrieben. Lange liegt Angelikas Suizid schon zurück. Erinnerungen sind verblasst, ein grosser Teil der Trauer liegt hinter mir. Mein Lebensentwurf hat neue und andere Konturen angenommen, als ich damals gedacht hatte.

Das Leben geht weiter, mit Freuden, Trauer, Arbeit, Herausforderungen, mit Freundschaften und viel Kaffee. Meine Gedanken wandern nicht mehr mehrmals täglich zu Angelika. Manchmal vergesse ich auch für ein paar Tage, wer sie für mich war. Doch nie lange und dann sitze ich da, wie heute Nacht, trinke meinen Kaffee und denke wehmütig an Angelika zurück. An ihr sanftes Wesen, ihre Empathie, die ernsten Gespräche und die lustigen Momente und an alle nicht mehr gelebten Tage. Sie fehlt. Sie hat eine Lücke hinterlassen. Alles bleibt anders.

Und doch ist ihr Verlust keine offene, eiternde und triefende Wunde mehr. Ihr Suizid und der komplizierte Trauerprozess haben Spuren hinterlassen. Ich bin zögerlicher geworden, Freundschaften einzugehen. Weiss darum, dass das Leben wie Sand durch die Finger rinnt. Der Verlust, die Trauer, der Schmerz haben mich gezeichnet und geformt. Das hindert mich nicht daran, das Lebendige zu suchen, mit meinen Hunden zu spielen und mich vertrauend in die Hände der Heiligen Geistkraft zu geben. Eine Leerstelle wird bleiben und vielleicht ist das gut so.

Und nun?

Totsächlich. Ja, wirklich und tatsächlich tot. Ein Suizid ist totsächlich, hart, klar und trifft wie ein Hammerschlag. Für diese harte Realität persönliche Worte zu finden und hilfreiche Türchen für den Trauerprozess anderer zu öffnen, war ursprünglich das Ziel des Blogs. Ich hatte die Hoffnung, dass meine Erfahrungen und Gedanken Wortbrücken für andere bilden. Vielleicht erfahren die steinernen Wälle des Schweigens hie und da Risse? Ich wünsche es Ihnen und mir. Persönliche Geschichten zu erzählen, die viele Mitbetroffene gleich und doch ganz anders erlebt haben, schafft Verbundenheit und Verständnis. So möchte ich selbst sprachfähiger werden und mit meinen Worten zur Sprachfähigkeit anderer beitragen. Nun am Ende angelangt, möchte ich Mut machen, erzählend weiterzugehen, erzählend dem Suizid, der Trauer und dem Verlust zu begegnen. Die eigenen Geschichten zu erzählen, zu malen oder aufzuschreiben. «Totsächliches» beim Namen zu nennen, um nicht im Schweigen ersticken zu müssen. Ich möchte Mut machen, dass es erzählend weitergeht auch mit Ihrer Geschichte, auf Ihrem Trauerweg oder in Ihrer Arbeit mit Trauernden. Erzählend weiter, damit Totsächliches nicht in die Einsamkeit und zum Verstummen führt, sondern zu Anteilnahme, Verständnis und vielleicht sogar zu Versöhnung mit dem Erlebten.

chaelJohn
HAIR & BEAUTY TRAINING
ESSING
NG
THERAPY
RVICES
RAPY
COURSES FOR EVERYONE EMPLOYED OR UNEMPLOYED AGE 16-69
AVE A COURSE TO SUIT YOU
NE 0151 708 8558
SALONS
FICES AND
GE OF
AIR
ERVICES
E YOURSELF
NQUILITY
TO SATURDAY
aeljohnacademy.com
'S LIVES WITH JOBS AND TRAINING

Anti-climb product in use

Suizid in Theologie und Seelsorge

Die Stigmatisierung, die viele Hinterbliebene auch heute noch fürchten und häufig erleben, gründet in einer über tausend Jahre alten Tradition. Für lange Zeit galt Suizid als grosse Sünde. Die verstorbenen Personen wurden nicht auf dem Friedhof bestattet und es durfte offiziell nicht um sie getrauert werden. Auch die Angehörigen und Hinterbliebenen wurden dadurch Ächtung und Stigmatisierung ausgesetzt. Dies, obwohl Selbsttötungen schon immer zur Menschheitsgeschichte gehörten. Auch in der Bibel werden Suizidgedanken geäussert und es wird von vollendeten Selbsttötungen berichtet. Zudem gehört die Betreuung von Suizidhinterbliebenen auch in der Seelsorge und Pfarramtspraxis dazu.

Theologische Perspektiven

In der Bibel gibt es Texte, in denen Suizidgedanken und -absichten (z. B. Jona 4,8; Jer 15,10; Hiob 3,3) oder Selbsttötung (z. B. Simson in Ri 16,30; Saul in 1Sam 31,4; Judas in Mt 27,5) zur Sprache kommen. Es ist auffällig, dass diese teilweise detailliert erzählt, aber nicht bewertet werden. Auch im frühen Christentum wurde der Suizid nicht als verwerflich angesehen und die Grenzlinie zwischen Martyrium und Suizid war nicht immer so klar zu ziehen. In der christlichen Tradition wurde die Selbsttötung erst durch Augustin ausdrücklich verurteilt. Er erachtete den Suizid als einen Verstoss gegen das fünfte Gebot: «Du sollst nicht töten» (Dtn 5,17). Denn «Augustin sah sich im Kontext einer Zeit, die den religiösen Suizid als besondere Form des Martyriums betrachtete, und der Stoa, die ‹das Ideal des selbstbeherrschten Sterbens› vertrat, genötigt, gegen Suizidhandlungen zu intervenieren»[44]. Augustins Meinung setzte sich durch und vom Konzil von Arles (um 553 n. Chr.) an galt die Selbsttötung als Verbrechen und vom Teufel veranlasst. Ab dem 1. Konzil von Braga 561 wurde den Suizidentinnen und Suizidenten die kirchliche Bestattung verweigert. Am 16. Konzil von Toledo 693 wurde bei einem Suizidversuch eine zwei Monate befristete Exkommunikation als Strafe verhängt und 860 erklärte Papst Nikolaus I. den Suizid schliesslich zur Todsünde.[45] Dies führte dazu, dass in den folgenden mehr als 1000 Jahren der Suizid als verwerfliche Tat galt. Die Debatte darüber, was ein Suizid theologisch gesehen ist, wird bis heute weitergeführt. So äusserten sich im letzten Jahrhundert Theologen wie Karl Barth und Dietrich Bonhoeffer zur Selbsttötung und lehnten sie nach differenzierter Argumentation ab.[46]

Die kirchliche Lehrmeinung hatte Auswirkungen auf die Gesetzgebung in verschiedenen Ländern. Erst durch die Aufklärung wurde die Ächtung von vollendeter Selbsttötung und Suizidversuchen aus den Strafgesetzbüchern entfernt. So wurden in Grossbritannien beispielsweise missglückte Sui-

44 Hoheisel Karl / Christ-Friedrich Anna: Suizid, in: Theologische Realenzyklopädie Hg. v. Horst Balz / James Cameron / Stuart G. Hall, Berlin / New York, 2001, 442–453

45 Vgl. ebd.

46 Vgl. a. a. O., 448

zidversuche erst 1961 entkriminalisiert.[47] Die Römisch-katholische Kirche erlaubte erst 1983 im Codex Iuris Canonici, dass Suizidentinnen und Suizidenten in geweihter Erde bestattet werden dürfen.[48]

Eine Selbsttötung mit dogmatischen Kategorien werten zu wollen, ist meines Erachtens weder dem Gegenstand angemessen noch für Suizidhinterbliebene oder für Überlebende eines Suizidversuchs hilfreich.[49] Die biblische Haltung führt hier eher weiter: Denn, wie bereits erwähnt, werden biblisch gesehen weder der Suizid an sich noch Suizidvorstellungen verurteilt, sondern sie werden als Lebensrealität anerkannt und ernst genommen. Im Zentrum steht der leidende Mensch, den nichts und niemand von Gottes Liebe trennen kann (Röm 8,38–39). Dasselbe gilt auch für Suizidhinterbliebene. Diese Gewissheit kann in der tiefsten Trauer und Einsamkeit Trost spenden. Denn «Trauer führt uns an Orte, die wir selber uns nicht ausgesucht haben [...] Trauer führt uns in die Wüste, an die Lebens-Grenze. Und es braucht viel Zeit, bis wir erkennen, dass in der Wüste uns beides zugleich begegnet – Einsamkeit und die Nähe Gottes.»[50] Eine klassische seelsorgerliche Trauergeschichte ist der Weg nach Emmaus (Lk 24,13–39). Jesus Christus tritt darin selbst als Seelsorger auf, der mitgeht, mitfühlt, zuhört, nachfragt, dableibt und schlussendlich einen neuen Weg eröffnet, in dem aus Verzweiflung und Trauer Auferstehungshoffnung und Gestal-

47 Vgl. Participation, Expert: Suicide Act 1961, Internet: www.legislation.gov.uk/ukpga/Eliz2/9-10/60/contents. Zuletzt geprüft am: 30.1.2018

48 Vgl. Lind, Vera: Selbstmord in der Frühen Neuzeit. Diskurs, Lebenswelt und kultureller Wandel am Beispiel der Herzogtümer Schleswig und Holstein, Göttingen, 1999, 21–39

49 Vgl. dazu auch Ziemer, Seelsorgelehre, 323

50 Schibilsky: Trauerwege, 107

tungsfreiraum entsteht. Die biblische Tradition kann einen reichen Fundus an Trost und Begleitung auf dem Trauerweg der Hinterbliebenen bieten, denn in der biblischen Verkündigung werden «Bilder und Motive an die Seite gestellt [...], die mehr ausdrücken als jede noch so sorgsam bedachte Richtigkeit»[51]. Biblische Texte haben die Fähigkeit, die Wahrnehmung und Bewertung zu verändern und können so auf dem Trauerweg heilende Impulse setzen.

Seelsorge als Begleitung von Hinterbliebenen

Der Umgang mit Sterben, Tod, Suizid und der Trauer ist ein wiederkehrendes Thema in der pfarramtlichen Praxis. Der Bogen spannt sich vom Notfallseelsorgeeinsatz bis hin zur mehrjährigen Trauerbegleitung, dies gerade dann, wenn der Tod völlig unerwartet oder/und durch Selbst- oder Fremdeinwirkung eingetreten ist. Wer im Pfarramt arbeitet oder in anderer Funktion Menschen begleitet, wird unweigerlich mit dem Thema Suizid konfrontiert. Gerade bei einem Suizid endet die Begleitung der Hinterbliebenen nicht mit der Trauerfeier. Im Sinne der Postvention, die gleichzeitig Suizidprävention ist, ist es essenziell, Hinterbliebene nach einem Suizid engmaschig zu begleiten. Wo dies nicht möglich ist, sollte trotzdem der Kontakt aufrechterhalten werden. Ausserdem ist es angezeigt, die Hinterbliebenen auf Selbsthilfegruppen, Fachstellen und Therapiemöglichkeiten hinzuweisen und ihnen Mut zu machen, diese Möglichkeiten für sich in Anspruch zu nehmen. Allenfalls kann es hilfreich sein, anzubieten, sie zu einem ersten Treffen zu begleiten.

51 A. a. O., 243

Das seelsorgerliche Handeln schenkt seit neuerer Zeit der Leidenssituation der Suizidentin oder des Suizidenten mehr Beachtung. So steht nicht mehr die Frage im Zentrum, ob ein Suizid als Sünde einzustufen sei, sondern die Solidarität mit der verzweifelten Person und den trauernden Hinterbliebenen. «Die Verurteilung macht zusehends dem Mitgefühl Platz [...]»[52] Es ist allerdings nicht einfach, Hinterbliebene in dieser Situation zu begleiten, denn Trauernde können abweisend, verletzt oder mit plötzlichem Rückzug reagieren. Trauerbegleitung braucht Hartnäckigkeit, theoretisches Wissen und Sensibilität zugleich. Seelsorgende stehen vor der Herausforderung, die unterschiedlichen, individuellen Trauerreaktionen und Bewältigungsstrategien zu erkennen und gegebenenfalls zu unterstützen.[53] Ein Seelsorgeverständnis, das im christlichen Glauben verwurzelt ist und Wert legt auf die Aspekte Begleitung, Begegnung und Lebensdeutung, kann dieser Aufgabe gerecht werden.[54]

Seelsorge an Suizidhinterbliebenen ist begleitende Seelsorge. Darin erlebt die trauernde Person, dass jemand in der Ohnmacht, dem Unfassbaren und der Einsamkeit mitfühlt und mitgeht, analog zum Weg nach Emmaus im Lukasevangelium (Lk 24). Durch die Begleitung wird Trost gespendet und das Evangelium kann in einer schweren Situation Gestalt annehmen. Ziel ist eine diskursive Aktualisierung des biblischen Gottesbilds im Kontext der individuellen Trauersituation.[55] Gleichzeitig ist Seelsorge nicht nur Begleitung, sondern auch

52 Gill: Suizid. Wie weiter?, 35

53 Vgl. u. a. Lammer, Kerstin: Trauer verstehen. Formen, Erklärungen, Hilfen, Berlin, ^{4}2014, 22

54 Vgl. Klessmann, Michael: Seelsorge. Ein Lehrbuch, Neukirchen-Vluyn, ^{5}2015

55 Vgl. Ziemer: Seelsorgelehre, 110f

Begegnung: zwei Menschen treffen auf Augenhöhe aufeinander. Zudem wohnt ihr immer auch der Aspekt des Fremden inne. Durch die Andersartigkeit der Individuen können neue und andere Impulse gegeben werden, die zu Perspektivenwechseln führen und Menschen auf dem Weg in die Freiheit (Gal 5,1) begleiten können.[56] Daran knüpft auch der dritte Punkt, die Lebensdeutung im Horizont des christlichen Sinnsystems, an. Seelsorgende repräsentieren durch ihr Amt oder ihre Beauftragung den christlichen Glauben.[57] Die christliche Grundhaltung wird da relevant, wo Suizidhinterbliebene in der Bewältigung des Alltags unterstützt werden und ihnen ein Referenzrahmen angeboten wird, mit dessen Hilfe Orientierungsarbeit in der eigenen (Trauer)-Biografie geleistet werden kann.[58]

Rituale können dabei hilfreiche Verarbeitungsimpulse geben. Da allgemein bekannte Rituale im Zuge der Individualisierung immer mehr an Bedeutung und Bekanntheit verloren haben, stehen Seelsorgende und Hinterbliebene häufig vor der Herausforderung, situationsbezogen hilfreiche Rituale zu schaffen. Konkrete Handlungen und Rituale helfen, sowohl den Verlust zu akzeptieren als auch längerfristig einen neuen Lebensentwurf zu gestalten. Zeigen sich bei den hinterbliebenen Personen sehr starke Betroffenheit und Symptome komplizierter Trauer, ist es empfehlenswert, therapeutische Hilfe in Anspruch zu nehmen oder sich in einer Selbsthilfe-

56 Vgl. Meyer-Blanck, Michael / Weyel, Birgit: Studien- und Arbeitsbuch Praktische Theologie, Göttingen, 2008, 155; Ziemer: Seelsorgelehre, 114f
57 Vgl. Fechtner, Kristian / Hermelink, Jan / Kumlehn, Martina / u. a.: Praktische Theologie. Ein Lehrbuch, Stuttgart, 2017, 189
58 Vgl. Meyer-Blanck / Weyel: Studien- und Arbeitsbuch Praktische Theologie, 146; Ziemer: Seelsorgelehre, 117f

gruppe Unterstützung zu holen.[59] Auch virtuelle Trauer-Gemeinschaften, wie sie sich beispielsweise auf Facebook finden lassen, können eine tägliche Stütze sein.

59 Vgl. Hausmann, Clemens: Einführung in die Psychotraumatologie, Stuttgart, 2006, 127f

Theorie der Trauer

Trauern selbst ist seelische und körperliche Arbeit, die sowohl kognitive, emotionale, motorische als auch physiologische Aspekte beinhaltet.[60] Es ist Umgang mit Verlust und den eigenen Ängsten und Erfahrungen, die den Menschen erschüttern und verletzen.[61] Trauer ist Verlustbewältigung und kann als dynamischer Adaptionsprozess an die, durch den Tod radikal veränderte Realität angesehen werden. Dabei geht es darum, sich auf den Verlust einzustellen und nach Möglichkeit neue Lebensinhalte zu finden.[62]

Ganz generell geht es bei der Trauer darum, den Schmerz zuzulassen, die veränderte Realität anzuerkennen und schlussendlich den Lebensweg neu zu gestalten. Es ist für einen Trauerverlauf charakteristisch, dass der Schmerz über den Verlust und die intensiven Emotionen langsam abnehmen. Dennoch dauern Trauerprozesse häufig weit länger als bislang angenommen – so sind drei bis fünf Jahre völlig normal.

60 Vgl. Wagner: Komplizierte Trauer, 4

61 Vgl. Gerlitz, Peter / Emmendörffer, Michael / Kuhn, Peter / u. a.: Trauer, hg. v. Horst Balz/ et. al., 34, Berlin, New York, 2002, 4–27

62 Vgl. Ziemer: Seelsorgelehre, 305

Öfters als bei anderen Todesarten, bei denen jemand eines natürlichen Todes gestorben ist, kann die Trauer im Falle eines Suizids überwältigend werden. Sie kann sich wie ein Schleier über das ganze Leben legen und für längere Zeit jegliche Freude, die sozialen Kontakte und den Lebenswillen verschlucken. Beim Thema Trauer wird vermehrt diskutiert, wann von «normaler» und wann von «komplizierter»[63] Trauer gesprochen werden kann. Erst 1997 wurde erstmals ein Konsensuskriterium vorgestellt, «welches sich qualitativ von Depression und Angst unterscheidet und eine klinisch relevante Beeinträchtigung vorhersagt. Die Hauptsymptome des Konsensuskriteriums wurden durch 1.) Trennungsstress und 2.) traumatischen Stress definiert»[64]. Verschiedene Faktoren, wie beispielsweise die Umstände des Todes und mangelnde soziale Unterstützung, können den Trauerprozess erschweren, so dass es zu einem komplizierten Trauerprozess kommt. Dieser unterscheidet sich von der normalen Trauer insbesondere durch seine Länge und folgende sieben prädikative Symptome: 1. Intrusionen, 2. emotionaler Schmerz, 3. Sehnsucht nach der verstorbenen Person, 4. Einsamkeitsgefühle und das Gefühl von Leere, 5. Vermeidungsverhalten, 6. Schlafstörungen, 7. sozialer Rückzug.[65] Nicht alle Hinterbliebenen nach einem Suizid entwickeln eine komplizierte Trauersymptoma-

63 Die Terminologie wird nicht einheitlich verwendet und wurde in den letzten Jahren immer wieder angepasst. So kursieren bis jetzt unterschiedliche Begriffe im wissenschaftlichen Kontext: Pathologische Trauer, Komplizierte Trauer, Traumatische Trauer, Prolongierte Trauer. Wagner: Komplizierte Trauer, 14–16

64 A. a. O., 17

65 A. a. O., 16

tik. Dennoch ist die Prävalenz auffällig. «In einer Studie mit vorwiegend weiblichen Suizidangehörigen wurden bei 43 % der Teilnehmer die Diagnose einer komplizierten Trauer gefunden. Insbesondere Kinder mit 80 %, Ehepartner mit 78 % und verwaiste Eltern mit 67 % zeigten die höchsten Prävalenzraten der komplizierten Trauer [...]»[66] Auch wenn keine komplizierte Trauersymptomatik auftritt, unterscheidet sich der Trauerprozess von Suizidhinterbliebenen qualitativ von dem bei anderen Todesarten. Denn die Hinterbliebenen leiden häufig unter Scham- und Schuldgefühlen, Stigmatisierung und darunter, dass die Todesumstände geheim gehalten werden (müssen).

Trauerphasen, Traueraufgaben, Trauerwege

Theorien zur Trauerverarbeitung gibt es viele. Dabei werden je nachdem Phasen-, Weg- oder Aufgabenmodelle favorisiert.

In den *Phasenmodellen* wird die Trauerverarbeitung in Phasen mit je spezifischen Merkmalen eingeteilt.[67] Die Stärke an diesen Modellen ist, dass sie einen plausiblen Erklärungsansatz für die unterschiedlichen emotionalen Zustände in der Trauer liefern. Zudem haben sie orientierenden Charakter. Ihre Schwäche liegt aber darin, dass sie zu sehr vereinfachen

66 A. a. O., 45

67 Vgl. u.a. Kast: Trauern. Kast teilt die Phasen folgendermassen ein: Nicht-wahrhaben-Wollen, Aufbrechende Emotionen, Suchen und Sich-Trennen, Neuer Selbst- und Weltbezug. Kübler-Ross: Interviews mit Sterbenden. Nach Kübler-Ross bestehen die Phasen aus: Nicht-wahrhaben-Wollen, Zorn, Verhandeln, Depression, Zustimmung. Spiegel: Der Prozeß des Trauerns. Analyse und Beratung. Spiegel benennt die einzelnen Phasen seines Modells folgendermassen: Schock, Kontrolle, Regression, Adaption.

und individuelle Prozesse uniformieren und normieren. Die Trauerverarbeitung ist kein linearer Prozess und wird auch nicht von jeder hinterbliebenen Person in gleicher Abfolge durchlebt.[68] Zudem haben die Phasenmodelle entmündigende Anteile, denn die trauernde Person ist den unterschiedlichen Phasen scheinbar handlungsunfähig ausgeliefert.

Neuere Modelle verstehen Trauern vermehrt als *Aufgabe*. Ihr Fokus liegt auf der Bewältigung der Veränderungen und Probleme, die ein Todesfall mit sich bringt.[69] Sie haben ebenfalls orientierenden Charakter, lassen aber mehr Spielraum für die individuellen Zugänge und Gestaltung der Trauer. Modelle, bei denen Trauern als Aufgabe verstanden wird, haben ermächtigende Wirkung, denn sie vermitteln ein Gefühl der Machbarkeit. Trauer wird zur Herausforderung und nicht zur Überforderung. Bei Hinterbliebenen eines Suizids kann dies positive Auswirkungen haben, denn eine Selbsttötung versetzt das Umfeld in Starre und Ohnmacht. Dennoch sind auch die Modelle der Traueraufgaben normierend, indem sie die Aufgaben definieren. Ihre Schwäche liegt zudem gerade in ihrem Verständnis von Machbarkeit. Trauern entspricht keiner To-do-Liste, bei der die Aufgaben abgearbeitet und dann mit einem Häkchen versehen werden können. Aufgabenmodelle können Trauernde unter (Leistungs-)Druck setzen und überfordern. Zudem suggerieren sie eine Machbarkeit, die so nicht immer gegeben ist.

Zwischen diesen soeben genannten Polen der Trauermodelle gibt es noch viele weitere. Eines, das die Phasen- und

68 Vgl. Lammer: Trauer verstehen, 19

69 Vgl. u. a. Lammer: Trauer verstehen; Worden, William J.: Grief counseling and grief therapy. A handbook for the mental health practitioner, New York, ^{2}1991

Aufgabenmodelle verbindet, ist das, schon etwas ältere, *Spiralmodell* von Schibilsky.[70] Das Spiralmodell arbeitet mit gleitenderen Übergängen als die Phasenmodelle und integriert die Traueraufgaben als Teil des Wegprozesses. Dabei orientiert es sich mehr am Charakter der Trauernden. Trauern wird als Weg bezeichnet, dessen Struktur von der Persönlichkeit der Hinterbliebenen abhängt. Dadurch wird die Normierung noch weiter durchbrochen und die Aufgaben werden diversifiziert und individualisiert.

Schlussendlich haben alle Modelle ihre Stärken und Schwächen. Sie sind Entwürfe, um komplexe, emotionale Verarbeitungsvorgänge in groben Zügen beschreiben und plausibilisieren zu können. Wie Wegweiser auf einem Wanderweg geben sie zwar die Richtung und ungefähren Distanzen an, sagen aber nur ansatzweise etwas über die tatsächliche und individuelle Beschaffenheit des Wegs aus.

70 Vgl. Schibilsky: Trauerwege

Statistische Informationen

Gemäss der WHO gab es 2017 weltweit circa 800 000 registrierte Todesfälle durch Selbsttötung. Die Dunkelziffer dürfte bedeutend höher sein. Global gesehen ist Suizid die zweithäufigste Todesursache bei jungen Menschen im Alter von 15–29.[71] Bei Männern machen die Suizide 50 % aller gewaltsamen Todesfälle aus, bei Frauen 71 %. Die Suizidraten sind weltweit bei über 70-jährigen Menschen am höchsten. Menschen mit vorangegangenen Suizidversuchen haben statistisch gesehen ein höheres Risiko, an einem vollendeten Suizid zu sterben.[72] In der Schweiz kommen auf jeden vollendeten Suizid 10 bis 15 ärztlich behandelte Selbsttötungsversuche dazu. Auch hier ist die Dunkelziffer noch um einiges höher. 2014 starben auf 100 000 Einwohner knapp 13 Personen durch einen Suizid, wobei die Rate der Männer dreimal höher ist als die der Frauen. Jährlich sterben in der Schweiz mehr als 1000 Menschen durch Suizid. Geht man davon aus, dass bei jedem Suizid mindestens sechs bis zehn Angehörige und Nahestehende stark betroffen sind, heisst das, dass jährlich mindestens 6000–10 000 Hinterbliebene nach einem Suizides am Anfang

71 WHO | Suicide, in: WHO, Internet: www.who.int/mediacentre/factsheets/fs398/en/. Zuletzt geprüft am: 11.1.2018

72 Vgl. WHO | Preventing suicide: A global imperative, in: WHO, Internet: www.who.int/mental_health/suicide-prevention/world_report_2014/en/. Zuletzt geprüft am: 11.1.2018

eines langen und komplizierten Trauerprozesses stehen.[73] Viele dieser Hinterbliebenen leiden im Stillen unter dem Suizid. Sie schweigen, weil sie Schuldgefühle oder Angst vor Stigmatisierung haben. Sie schweigen, weil sie mehrfach erlebt haben, dass das Umfeld völlig überfordert ist, wenn sie von der Verstorbenen sprechen. Oder sie schweigen, weil Trauer in der Gesellschaft keinen Platz hat und sie gar nicht wissen, wie viele Menschen um sie herum Ähnliches erlebt haben. Über viele Jahre hinweg habe auch ich nicht über den Suizid meiner Freundin gesprochen. Als ich als Pfarrerin im Konfirmationsunterricht begann, Suizid zu thematisieren, war die Resonanz gross. Das Gleiche fiel mir in meinem Freundeskreis auf: war das Tabu einmal gebrochen, entdeckte ich, wie viele Menschen in meinem Umfeld Angehörige, Freunde und Verwandte durch Suizid verloren hatten. Jeder Trauerweg verlief anders und doch erkannte ich auch viele Analogien.

73 Vgl. Wagner, Birgit: Komplizierte Trauer. Grundlagen, Diagnostik und Therapie, Berlin, 2014, 43

Fachstellen und Hilfsangebote

Falls du selber in Not bist …

Erste Anlaufstellen im Falle von Suizidgedanken können Hausärztinnen und Hausärzte, Pfarrpersonen oder folgende Kontakte sein:

Schweiz

- Die Dargebotene Hand
  Telefon 143 und Online-Beratung, www.143.ch
- Kriseninterventionszentrum der Psychiatrischen Universitätsklinik Zürich
  Telefon 044 296 73 10
- Seelsorge.net
  Ein Angebot der reformierten und der katholischen Kirche der Schweiz, seelsorge@seelsorge.net, www.seelsorge.net
- Telefonhilfe für Kinder und Jugendliche 147
  Die Notrufnummer 147 von Pro Juventute hilft Kindern und Jugendlichen bei Fragen, Problemen und in Notsituationen weiter. Rund um die Uhr. Via Telefon, SMS, Chat, E-Mail und Webservice: www.147.ch

__ [U25] Schweiz
Anonyme Beratung durch Gleichaltrige per E-Mail,
www.u25-schweiz.ch

Deutschland

__ Telefonseelsorge
Telefon 0800 111 0 111 oder 0800 111 0 222,
www.telefonseelsorge.de

Österreich

__ Telefonseelsorge
Telefon 142, Homepage: www.telefonseelsorge.at
__ Österreichweite Notrufnummer für
Kinder und Jugendliche
Telefon 147, http://rataufdraht.orf.at

Selbsthilfegruppen

Schweiz

__ Nebelmeer
Perspektiven nach dem Suizid eines Elternteils:
Selbsthilfegruppen in Bern, Biel und Zürich für
12–30-jährige Menschen. www.nebelmeer.net
__ Regenbogen Schweiz
Selbsthilfevereinigung: Leben mit dem Tod eines Kindes,
Verein Regenbogen Schweiz, Postfach, 3297 Leuzigen,
Telefon: 0848 085 085, info@verein-regenbogen.ch,
www.verein-regenbogen.ch

__ Verein Refugium
Verein für Hinterbliebene nach Suizid, Lindenbühl, 3635 Uebeschi, Telefon 0848 00 18 88, info@verein-refugium.ch, www.verein-refugium.ch

__ Verein Trauernetz
Beratung, Vernetzung und Schulung von Fachpersonen, Neugründung von Selbsthilfegruppen, Höhestrasse 80, 8702 Zollikon, Telefon 076 598 45 30, http://trauernetz.ch

__ IPSILON
Initiative zur Prävention von Suizid in der Schweiz, www.ipsilon.ch

Deutschland

__ AGUS e. V. Angehörige um Suizid
Telefon 0921 150 03 80, www.agus-selbsthilfe.de

__ Bundesverband «Verwaiste Eltern und trauernder Geschwister in Deutschland e. V.», Roßplatz 8a, 04103 Leipzig, Telefon 03419 468 884, kontakt@veid.de, www.veid.de

Österreich

__ Notfallpsychologischer Dienst Österreich NDÖ
Telefon 0699 188 55 400, www.notfallpsychologie.at

__ Österreichische Gesellschaft für Suizidprävention
Selbsthilfegruppen für Hinterbliebene nach Suizid in Österreich, www.suizidpraevention.at

Nachwort

Prof. Dr. Jörg Frey

Als ich zum ersten Mal die Blogs von Sabrina Müller über den Suizid ihrer besten Freundin und das Leben mit dieser zutiefst schockierenden Erfahrung las, haben mich diese sehr berührt und für eine Weile nicht mehr losgelassen. Und darum habe ich beim nächsten kollegialen Gespräch mit ihr angeregt, diese sehr persönlichen Blogs zu sammeln und aus diesen ein Buch zu machen. Nun liegt es vor: ein gutes, hilfreiches, dringend notwendiges Buch. Was ist es, das mich – als Neutestamentler, Seelsorger, Christenmenschen und Zeitgenossen – daran beeindruckt und zum Nachdenken und Weitergehen bewegt?

Zunächst beeindruckt mich die Ehrlichkeit und Aufrichtigkeit. Sabrina Müller spricht aus, was in unserer Gesellschaft, auch unter Christinnen und Christen, gerne totgeschwiegen wird, was versteckt wird hinter verschlossenen Türen und versteinerten oder sogar lächelnden Fassaden. Sie schreibt über die Phasen, in denen ihr selbst die Worte fehlten und der eigene Glaube in schwerste Krisen gelangte, und sie schreibt darüber, was ihr darin helfen und den Mund wieder öffnen konnte, auch wenn es Dinge gibt, die immer unverständlich bleiben werden. Gerade das kann auch anderen helfen, die

Fraglichkeit unseres Lebens und unserer Gesellschaft auszuhalten und denen, die es brauchen, in rechter Weise beizustehen. Nur mit solcher Aufrichtigkeit kann auch in christlichen Kirchen und Gemeinden der Raum geöffnet werden, in dem Zeitgenossen mit ihren Sorgen und Belastungen Menschen finden, die ihnen zuhören und mit ihnen gehen, der Raum, in dem die gute Botschaft der Annahme durch den lebensfreundlichen Gott vernommen werden kann.

Sodann beeindruckt mich – als Wissenschaftler – die sorgfältige und wohlüberlegte Verschränkung von persönlicher Aufarbeitung und fachlicher Reflexion. Während fachwissenschaftliche Literatur oft im Elfenbeinturm der Theorien und Erklärungen bleibt und das Genre der Ratgeber- und Gemeindeliteratur oft die kritische Reflexion vermissen lässt, lässt Sabrina Müller in diesem Buch die beiden unterschiedlichen Genres sorgfältig ineinandergreifen. Sie lässt die Leserinnen und Leser teilhaben an ihrem eigenen Trauerprozess, gewährt Einblick in die vielen Fragen, die sich Betroffenen und Angehörigen stellen und weckt damit Sensibilität für den Umgang mit Gefährdeten und mit Hinterbliebenen. Und zugleich wird dieser sehr persönliche Erfahrungsbericht so in den Horizont der Psychologie und der Seelsorgelehre, der empirischen Forschung und der theologischen Reflexion gestellt. Leserinnen und Leser können sich auch darauf beschränken, nur dem einen oder dem anderen Strang zu folgen, oder an beliebigen Stellen einzelne Stationen des vorgeführten Prozesses wahrzunehmen. Mit dieser Anlage des Buchs wird gerade dem Rechnung getragen, dass Betroffene und Beladene die sie berührenden Geschichten und Denkanstösse oft nur in kleinen Portionen aufnehmen können, weil mehr sie überfordern würde. Zugleich wird hier von einer angehenden akademischen Lehrerin im besten Sinne vorgeführt, wie Praktische Theologie – als kritisch-reflexive Begleitung spiritueller und kirchlicher Praxis – funktionieren kann.

Schliesslich ist dieses Buch ein geistreicher Ausdruck des Evangeliums, der guten Botschaft von dem Gott, der – wie es die neutestamentliche Botschaft beschreibt – denen, die sich im Leben verloren haben, in persönlicher Zuwendung nachgeht (wie es die Gleichnisse vom Verlorenen in Lukas 15 beschreiben), und der die mit den Lasten des Lebens Beladenen zur erfrischenden Quelle einlädt (wie es im Einladungsruf Jesu in Matthäus 11,28–30 ausgesprochen wird). Es ist ein Beispiel des Glaubens, der sich in Zeiten des Nichtverstehens und der tiefsten Trauer aus der Sprache der Psalmen Worte der Klage leihen und der wie Hiob seine Fragen und Vorwürfe trotzig Gott entgegenschleudern kann, gerade da, wo die frommen und manchmal auch klugen Besserwisser (wie Hiobs Freunde) nicht mehr zu ertragen sind und letztlich versagen. Und es ist ein Zeugnis des Vertrauens, dass auch in den Tiefen unseres Lebens und Sterbens einer da ist, der mit uns ist und an unsere Stelle tritt, Christus, der das Kreuz und alle Kreuze dieser Welt trug, damit den Menschen neue Hoffnung und neues Leben eröffnet werde, damit das Licht auch in der Finsternis scheint (Joh 1,5).

Dieses Buch ist ein geistreiches und hilfreiches Buch, und ich hoffe und wünsche, dass es die Menschen erreicht, die es brauchen – und viele andere auch. Damit Menschen für die verborgenen Nöte ihrer Zeitgenossen sensibilisiert und in Trauer Erstarrte wieder ins Leben zurückgeführt werden, damit Seelsorgerinnen und Seelsorger und solche, die es werden wollen, für ihre Aufgaben existenziell und fachlich kompetent informiert werden und – nicht zuletzt – damit das Licht des Lebens in der Dunkelheit aufstrahle.

Literaturverzeichnis

Aguirre, Regina / Slater, Holli: Suicide Postvention as Suicide Prevention. Improvement and Expansion in the United States, in: Death Studies 34/6, 2010, 529–540.

American Psychiatric Association Practice Guidelines, Internet: https://psychiatryonline.org/guidelines. Zuletzt geprüft am: 26.1.2018.

Buber, Martin: Das dialogische Prinzip. Ich und Du. Zwiesprache. Die Frage an den Einzelnen. Elemente des Zwischenmenschlichen. Zur Geschichte des dialogischen Prinzips, Gütersloh, [17]2017.

Christ-Friedrich, Anna: Der verzweifelte Versuch zu verändern. Suizidales Handeln als Problem der Seelsorge, Göttingen, 1998.

Fechtner, Kristian / Hermelink, Jan / Kumlehn, Martina / Wagner-Rau, Ulrike / Jähnichen, Traugott / Ritter, Adolf Martin / Rüterswörden, Udo / Schwab, Ulrich / Stuckenbruck, Loren T.: Praktische Theologie. Ein Lehrbuch, Stuttgart, 2017.

Gerlitz, Peter / Emmendörffer, Michael / Kuhn, Peter / et. al.: Trauer, Hg. v. Horst Balz / et. al., 34, Theologische Realenzyklopädie Berlin, New York, 2002, 4–27.

Gill, Peter: Suizid. Wie weiter? Trauern und Abschiednehmen bei Suizid und plötzlichen Todesfällen, Basel, 2014.

Grubitz, Christoph / Weinrich, Harald: Der israelische Aphoristiker Elazar Benyoëtz, Tübingen, 1994.

Hausmann, Clemens: Einführung in die Psychotraumatologie, Stuttgart, 2006.

Herbst, Michael: Beziehungsweise. Grundlagen und Praxisfelder evangelischer Seelsorge, Neukirchen-Vluyn, ²2013.

Hoheisel Karl / Christ-Friedrich Anna: Suizid, in: Theologische Realenzyklopädie Hg. v. Horst Balz / James Cameron / Stuart G. Hall, Berlin / New York, 2001, 442–453.

Kast, Verena: Trauern. Phasen und Chancen des psychischen Prozesses, Freiburg i. Br., ³2013.

Klessmann, Michael: Seelsorge. Ein Lehrbuch, Neukirchen-Vluyn, ⁵2015.

Koeniger, Georg: Trauer ist eine lange Reise. Für dich auf den Jakobsweg, München / Berlin, 2017.

Kübler-Ross, Elisabeth: Interviews mit Sterbenden, Übers. v. Ulla Leippe, München, 2001.

Lammer, Kerstin: Trauer verstehen. Formen, Erklärungen, Hilfen, Berlin, ⁴2014.

Lind, Vera: Selbstmord in der Frühen Neuzeit. Diskurs, Lebenswelt und kultureller Wandel am Beispiel der Herzogtümer Schleswig und Holstein, Göttingen, 1999.

Luther, Henning: Religion und Alltag. Bausteine zu einer Praktischen Theologie des Subjekts, Stuttgart, 1992.

Luther, Martin / Plochmann, Johann Georg / Irmischer, Johann Conrad: Dr. Martin Luthers' sämmtliche Werke. Homiletische und katechetische Schriften, 1832.

Meyer-Blanck, Michael / Weyel, Birgit: Studien- und Arbeitsbuch Praktische Theologie, Göttingen, 2008.

Morgenthaler, Christoph: Lehrbuch Praktische Theologie. Seelsorge, Gütersloh, ³2009.

Nietzsche, Friedrich: Also sprach Zarathustra, Hamburg, 2011.

Otzelberger, Manfred: Suizid. Das Trauma der Hinterbliebenen Erfahrungen und Auswege, München, 2002.

Participation, Expert: Suicide Act 1961, Internet: www.legislation.gov.uk/ukpga/Eliz2/9–10/60/contents. Zuletzt geprüft am: 30.1.2018.

Paul, Chris: Schuld – Macht – Sinn. Arbeitsbuch für die Begleitung von Schuldfragen im Trauerprozess, Gütersloh, [4]2010.

Plener, Paul L.: Suizidales Verhalten und nichtsuizidale Selbstverletzungen, Berlin, 2014.

Rauch, Florian / Rinder, Nicole: Damit aus Trauma Trauer wird. Weiterleben nach dem Suizid eines nahestehenden Menschen, Gütersloh, 2016.

Runeson, Bo / Åsberg, Marie: Family History of Suicide Among Suicide Victims, in: American Journal of Psychiatry 160, 2003, 1525–1526.

Schibilsky, Michael: Trauerwege. Ein Ratgeber für helfende Berufe, Düsseldorf, [6]2003.

Seidler, Günter H. / Freyberger, Harald J. / Maercker, Andreas: Handbuch der Psychotraumatologie, Stuttgart, [2]2015.

Spiegel, Yorick: Der Prozeß des Trauerns. Analyse und Beratung, München: Mainz, 1990.

SR 311.0 Schweizerisches Strafgesetzbuch vom 21. Dezember 1937, Internet: https://www.admin.ch/opc/de/classified-compilation/19370083/index.html#a111. Zuletzt geprüft am: 10.1.2018.

von Stülpnagel, Freya: Warum nur? Trost und Hilfe für Suizid-Hinterbliebene, München, [2]2013.

Understanding Religious Ritual. Theoretical approaches and innovations, Hg. v. John P. Hoffmann, 2014.

Wagner, Birgit: Komplizierte Trauer. Grundlagen, Diagnostik und Therapie, Berlin, 2014.

WHO: Preventing suicide. A global imperative, in: WHO, Internet: www.who.int/mental_health/suicide-prevention/world_report_2014/en/. Zuletzt geprüft am: 11.1.2018.

WHO: Suicide, in: WHO, Internet: www.who.int/mediacentre/factsheets/fs398/en/. Zuletzt geprüft am: 11.1.2018.

Wittouck, Ciska / Van Autreve, Sara / De Jaegere, Eva / Portzky, Gwendolyn / van Heeringen, Kees: The prevention and treatment of complicated grief. A meta-analysis, in: Clinical Psychology Review 31/1, 2011, 69–78.

Worden, William J.: Grief counseling and grief therapy. A handbook for the mental health practitioner, New York, [2]1991.

Ziemer, Jürgen: Seelsorgelehre. Eine Einführung für Studium und Praxis, Göttingen, [2]2004.

Rechtehinweis

S. 60–61:

Hesse, Hermann: «Im Nebel», Sämtliche Werke in 20 Bänden. Herausgegeben von Volker Michels. Band 10: Die Gedichte © Suhrkamp Verlag Frankfurt am Main 2002. Alle Rechte bei und vorbehalten durch Suhrkamp Verlag Berlin.